Dr. Gertrud Scherf

Pflanzen vermehren
Samen · Knollen · Stecklinge · Wurzeln

Praxisnahe Anleitung zur Vermehrung von Garten-,
Kübel- und Zimmerpflanzen, Wildarten und Bauerngartenpflanzen

LUDWIG

Inhalt

Sonnenblumen lassen sich leicht vermehren und setzten in jedem Garten einen freundlichen Akzent.

Bei der Aufbewahrung von Samen ist Sorgfalt gefragt.

*Mit großer
Begeisterung
verfolgen
nicht nur
Kinder das
Sprießen der
Hyazinthe
unter dem
Hütchen.*

Vorwort

Der Anbau und die Vermehrung von Pflanzen waren schon immer eine Existenzgrundlage der Menschen und können deshalb als wichtige kulturgeschichtliche Leistungen bezeichnet werden.

Kulturverbreitung und Kulturaustausch waren seit jeher auch Verbreitung und Austausch von Pflanzen. So brachten die Römer nicht nur ihre Bautechnik und ihre Götter über die Alpen, sondern auch Weinrebe, Edelkastanie, Lilien und andere Nutz- und Zierpflanzen. Die Benediktiner, die im Mittelalter aus Italien nach Deutschland kamen, führten aus ihrer Heimat viele unserer Gewürzkräuter ein.

Nutz- und Zierpflanzen wurden häufig nicht als Ganzes, sondern als vermehrungsfähige Teile verbreitet – sie waren damit leichter transportabel. So sollen die in der Türkei beheimateten Tulpen Europa im 16. Jahrhundert als Samen (Wien) und im 17. Jahrhundert als Zwiebeln (Antwerpen) erreicht haben. Nach einer Überlieferung haben die Antwerpener Bürger die Zwiebeln probiert und als ungenießbar auf den Abfall geworfen – und waren verblüfft, als die herrlichen Blüten hervorkamen. Während die Antwerpener die Tulpenzwiebeln fälschlicherweise für Nahrungsmittel hielten, fand man in Europa an den aus Südamerika stammenden Kartoffeln zunächst wenig Geschmack und hielt sie sich nur als Zierpflanzen. Allerdings waren die Knollen bereits Mitte des 16. Jahrhunderts Hauptnahrungsmittel auf den spanischen Schiffen, die von Amerika nach Europa fuhren. Selbstverständlich gab es auch Pflanzen, die den umgekehrten Weg nahmen: Viele europäische Siedler nahmen Pflanzen ihrer Heimat über den Atlantik nach Nordamerika mit. Wegen des geringen Platzes auf den Schiffen mussten sie viele Pflanzen vorher teilen.

Pflanzenvermehrung als Hobby

In unserer Zeit der Fertigprodukte kann man – anders als früher – natürlich auch seine Pflanzen für Zimmer, Balkon, Terrasse oder Garten »fertig« kaufen, sie wegwerfen und neue kaufen, wenn sie ausgedient haben. Warum machen sich trotzdem viele Menschen die Arbeit und vermehren selbst Pflanzen? In erster Linie geschieht es wohl wegen der faszinierenden Beobachtung, wie neue Lebewesen entstehen. Selbst gezogene Pflanzen stehen uns gefühlsmäßig näher als gekaufte. Die Tätigkeit des Pflanzenvermehrens ist interessant, und man lernt dabei ganz nebenbei vieles über Pflanzen und Natur. Aus diesen Gründen ist das Hobby auch für Kinder so geeignet. Unter Anleitung von Erwachsenen haben sie große Freude am Umgang mit Pflanzen und lernen dabei Achtung und Verantwortung gegenüber Lebewesen. Viele der Vorschläge in diesem Buch eignen sich für Kinder.

Es gibt auch ganz praktische Gründe für das Vermehren. Manche Arten und Sorten bekommt man nicht so leicht als fertige Pflanzen, wohl aber als Samen. Von Pflanzen, die Ihnen bei Bekannten oder Freunden gefallen, erhalten Sie vielleicht einen Steckling. Viele Kübelpflanzen und Gartengehölze, auch manche Stauden sind teuer. Wenn man die Geduld aufbringt und sich diese Pflanzen selbst aus Samen oder vegetativen Teilen zieht, kosten sie dagegen wenig oder gar nichts. Nicht zuletzt kann eine selbst gezogene Pflanze ein schönes Geschenk für jemanden sein, der bzw. die »schon alles hat«. Eine solche Pflanze ist ein sehr persönliches Geschenk, haben wir doch Zeit und Mühe darauf verwandt und zuvor überlegt, welche Pflanze passend sein könnte. Sie werden daher in diesem Buch eine ganze Reihe von besonderen Geschenktipps rund um die selbst gezogene Pflanze finden.

Der Umgang mit Lebewesen

Wenn man erfolgreich Pflanzen vermehren will, muss man gewisse Grundkenntnisse über ihre Bedürfnisse und die Regeln in der Natur haben. Bei der Vorstellung der verschiedenen Vermehrungsmethoden in diesem Buch werden diese Grundkenntnisse vermittelt. Schritt für Schritt wird Ihnen hier gezeigt, wie jeweils vorzugehen ist. Bei jeder der verschiedenen Vermehrungsarten finden Sie viele geeignete Beispiele für Zier- und Nutzpflanzen. Doch auch wenn Sie sehr sorgfältig und gewissenhaft vorgegangen sind, sich vorher gründlich informiert haben – eine echte Erfolgsgarantie kann es bei der Vermehrung von Pflanzen nicht geben, denn Pflanzen sind Lebewesen und deshalb nicht programmierbar.

Manche Pflanzen sind giftig oder haben giftige Teile, bei einigen besteht Giftverdacht. Essen Sie keine Pflanzen, von denen Sie nicht sicher wissen, dass sie ungiftig sind, und tragen Sie bei Ihren Gärtneraktivitäten immer Handschuhe.

Häufig sorgen Bienen für eine Bestäubung der Blüten mit Pollen.

Wie Pflanzen sich vermehren

Eines der Kennzeichen, durch die sich Lebewesen – Bakterien, Pilze, Pflanzen, Tiere – von der unbelebten Natur unterscheiden, ist die Fähigkeit zur Fortpflanzung. Bei diesem Vorgang entstehen aus Individuen neue eigenständige und artgleiche Individuen. Meist erhöht sich mit der Fortpflanzung die Zahl der Individuen – es kommt zur Vermehrung. Die meisten Pflanzen können sich geschlechtlich und ungeschlechtlich (vegetativ) vermehren.

Geschlechtliche Vermehrung mit Samen

Als die europäischen Einwanderer den nordamerikanischen Kontinent mit ihren Planwagen Richtung Westen durchquerten, wuchs an den Wegen, die sie gefahren waren, bald eine den Indianern unbekannte Pflanze. Es war der Breite Wegerich, der in Europa an Straßenrändern und Feldwegen, in Pflasterritzen, auf Sportplätzen und Weiden wächst. Seine winzigen bräunlichen Früchte werden bei Regen und hoher Luftfeuchtigkeit klebrig und können deshalb leicht im Fell von Tieren, an Schuhen und Kleidung von Menschen oder an Fahrzeugen hängen bleiben. Auf diese Weise hatten die Europäer unabsichtlich den Breiten Wegerich als blinden Passagier nach Amerika mitgenommen. Weil er zunächst nur die Fahrtwege der Siedler aus Europa so auffällig säumte, nannten ihn die Indianer »Fußstapfen der Weißen«.

Früchte dienen der Ausbreitung der Samen. Es ist erstaunlich, welch einfallsreiche Methoden die Natur entwickelt hat, um die Verbreitung von Samen zu gewährleisten.

Pflanzen als Wanderer

Mit Hilfe ihrer Früchte und Samen können Pflanzen »wandern«: größere oder kleinere Entfernungen zurücklegen. Manche Früchte, wie die Klette, haben Widerhaken und heften sich damit an Fell oder

Kleidung an. Viele Früchte – etwa Hagebutten oder Erdbeeren – verlocken mit leuchtenden Farben Tiere zum Fressen. Die in den Früchten enthaltenen Samen werden dann mit dem Kot ausgeschieden, meist an anderer Stelle als der, an der die Früchte herangereift sind. Früchte, die dem Wind anvertraut werden, haben oftmals Flugeinrichtungen wie Schirmchen (Löwenzahn) oder Flügel (Ahorn). Manche Pflanzen entlassen ihre Früchte ins Wasser (beispielsweise die Seerose), andere haben Schleudermechanismen entwickelt, wie das Springkraut. Die Rosskastanie lässt ihre Früchte einfach zu Boden fallen: Dort platzen sie auf, und die Samen kullern über den Boden.

Was ist ein Samen?

Im Samen liegt, gut geschützt durch die Samenschale, die junge Pflanze (Embryo). Sie besteht aus Keimwurzel und Keimspross. Der Sprossabschnitt zwischen Wurzel und Keimblättern heißt Hypokotyl. Nährstoffe in den Keimblättern und/oder ein Nährgewebe liegen für das spätere Wachstum des Embryos bereit. Dieser befindet sich zunächst in einem Ruhezustand. Die Samenruhe kann bei verschiedenen Pflanzen unterschiedlich lang dauern. So sind die Samen vieler Gemüsearten etwa vier Jahre lang keimfähig, die unserer Getreidearten mehrere Jahrzehnte und die der Indischen Lotosblume sollen bis zu 1.000 Jahre überdauern und danach auskeimen können.

Die Samenkeimung

Die Samenruhe wird beendet, wenn bestimmte innere und äußere Bedingungen erfüllt sind. Zu den inneren Bedingungen (Keimungsbereitschaft) gehören eine abgeschlossene Samenreifung, der Abbau von Keimungshemmstoffen und die Durchlässigkeit der Samenschale. Äußere Bedingungen sind Wasser, Sauerstoff und ein bestimmter Temperaturbereich. Durch die Aufnahme von Wasser quillt der Samen. Die Nährstoffe werden unter Mitwirkung von Pflanzenhormonen in lösliche Stoffe umgewandelt, die der Embryo aufnimmt. Dann beginnt er zu wachsen.

Eingeschlossen in Samenschale und Nährgewebe wartet der Embryo, bis die Bedingungen zum Auskeimen optimal sind. Bei unserem heimischen Wiesenklee bleiben die Samen bis zu 100 Jahre keimfähig!

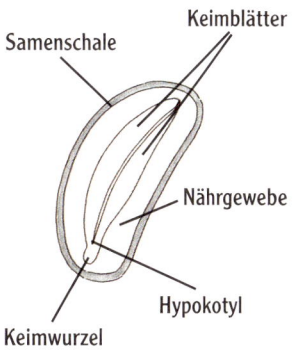

Im Samen ruht die junge Pflanze, der Embryo.

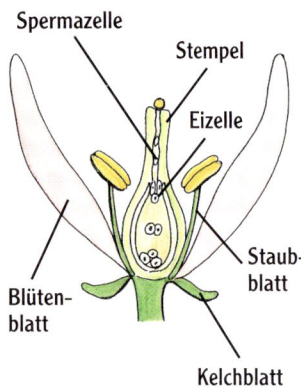

Labels:
Spermazelle
Stempel
Eizelle
Staubblatt
Blütenblatt
Kelchblatt

Im Stempel der bestäubten Zwitterblüte kommt es zur Befruchtung.

Die Samen bestimmter Pflanzen keimen erst, wenn sie eine Zeit lang kühl gelegen haben. Wenn man solche Samen geerntet hat und aussäen möchte, ist es wichtig, sie zuvor einer besonderen Kältebehandlung zu unterziehen.

Die Samenschale platzt, und es erscheint die Keimwurzel. Diese verankert die Pflanze im Boden und führt ihr Wasser und Nährstoffe zu. Auch der Keimspross wächst. Bei manchen Pflanzen hebt er die Keimblätter über die Erde (z.B. Sonnenblume, Gartenbohne), wo sie ergrünen *(epigäische Keimung)*. Bei anderen Pflanzen bleiben die Keimblätter unter der Erde, etwa bei der Rosskastanie *(hypogäische Keimung)*. Einkeimblättrige Pflanzen *(Monocotyledoneae)*, etwa Gräser oder Getreidearten, bringen nur ein Keimblatt hervor, zweikeimblättrige Pflanzen *(Dicotyledoneae)*, wie unsere Obstbäume, viele Gemüsepflanzen und die meisten Gartenblumen, zwei Keimblätter. Sobald sich die junge Pflanze über ihre Wurzeln selbst mit Wasser und Nährstoffen versorgen und mit ihren ersten grünen Laubblättern neue Pflanzenmasse aufbauen kann, ist die Samenkeimung beendet.

Die Keimung kann durch äußere Faktoren gefördert oder gehemmt werden. So keimen viele Gehölz- und Staudensamen erst, nachdem tiefe Temperaturen auf sie eingewirkt haben (z.B. Kiefernarten, Esche, Ginkgo, Primeln, Veilchen). Gerade auch unter den Hochgebirgspflanzen finden sich viele *Kaltkeimer*. Die Samen von Tomate, Sonnenblume und anderen Pflanzen, insbesondere subtropischen und tropischen, keimen nur bei hohen Temperaturen *(Warmkeimer)*. Bei *Lichtkeimern* (z.B. Kopfsalat, Tabak) wird die Keimung durch Lichtreize gefördert, bei *Dunkelkeimern* (z.B. Kürbis, Borretsch) gehemmt. Die meisten Pflanzen keimen allerdings sowohl bei Licht als auch bei Dunkelheit. Der Keimungsvorgang dauert unterschiedlich lange – von wenigen Tagen, etwa bei Kresse, über viele Wochen, wie bei Petersilie, bis zu Jahren, etwa bei manchen Gehölzarten.

Blüten – Organe der geschlechtlichen Vermehrung

Bei der geschlechtlichen Vermehrung der Samenpflanzen kommt es, wie bei Mensch oder Tier, zur Vereinigung zweier Geschlechtszellen: einer weiblichen Geschlechtszelle, der Eizelle, und einer männlichen Geschlechtszelle, die bei Samenpflanzen Spermazelle genannt wird. Die Vereinigung bezeichnet man als Befruchtung. Die Geschlechtszellen entstehen in den Blüten. Viele Pflanzen haben Zwitterblüten,

d. h., männliche und weibliche Geschlechtszellen sind in einer Blüte vereinigt. Manche Pflanzen (z. B. Hasel) haben »weibliche« Blüten (mit nur weiblichen Organen) und »männliche« Blüten (mit nur männlichen Organen). Solche Pflanzen nennt man *einhäusig*. Nur bei relativ wenigen Arten (z. B. Spargel, Kiwi, Ginkgo) entsprechen die Verhältnisse denen des Menschen und vieler Tiere: Es gibt männliche und weibliche Individuen. Eine Pflanze hat in diesem Fall entweder nur weibliche Blüten, produziert also nur Eizellen, oder nur männliche Blüten mit der Aufgabe, Spermazellen zu produzieren. Solche Pflanzen nennt man *zweihäusig*.

Die Staubblätter einer Blüte enthalten Pollenkörner, den so genannten Blütenstaub, den wir manchmal im Frühjahr als gelbe Staubwolken wahrnehmen können und der so manchem Pollenallergiker zu schaffen macht. In den Pollenkörnern entstehen die Spermazellen. Die Fruchtblätter einer Blüte enthalten die Samenanlagen mit den Eizellen. Bei vielen Pflanzen bilden die Fruchtblätter den so genannten Stempel. Er besteht aus drei Teilen: Der Fruchtknoten ist der unterste, keulig verdickte Teil, der die Samenanlagen umschließt. Der mittlere, lang gestreckte Teil wird nach seiner Form Griffel genannt. Er verbreitert sich an seiner Spitze zur Narbe.

Der Pollenflug in Frühjahr kann manchem Allergiker Probleme bereiten. Heuschnupfen ist die verbreitetste Form der Pollenallergie: Der in der Luft umherschwirrende Blütenstaub reizt die Nasenschleimhaut.

Die Hasel ist eine einhäusige Pflanze – sie hat männliche Blüten (links) und weibliche Blüten (rechts).

Bestäubung, Befruchtung

Die Pollenkörner einer Blüte gelangen auf die Narbe. Dies geschieht durch Bienen oder andere Insekten, bei vielen Pflanzen übernimmt der Wind die Aufgabe der Bestäubung. Bei der häufigeren Fremdbestäubung gelangt der Pollen auf die Narbe einer anderen Pflanze derselben Art, bei der selteneren Selbstbestäubung (z. B. Bohnen, Tomaten, Orangen, Feigen) auf die Narbe derselben Blüte oder jedenfalls einer Blüte derselben Pflanze.

Die Pollenkörner keimen auf der Narbe aus, d. h., sie treiben einen Pollenschlauch hinunter zur Samenanlage. Durch diesen »Tunnel« gelangen die Spermazellen zur Eizelle. Spermazelle und Eizelle verschmelzen: Dies ist die Befruchtung. Aus der nun befruchteten Eizelle entsteht die Zygote, die sich nach Wochen, Monaten, Jahren zum Keimling weiterentwickelt. Dieser stellt in einem gewissen Stadium sein Wachstum ein und geht in den Ruhezustand über. Gleichzeitig bildet sich die Samenanlage zum Samen um, und aus dem Fruchtknoten (bei manchen Pflanzen, wie dem Apfel, auch aus anderen Blütenteilen) entsteht die Frucht.

Samen bilden nur die Samenpflanzen. Bei den Pflanzengruppen der Algen, Moose, Farne und Pilze verläuft die geschlechtliche Vermehrung anders.

Vegetative Vermehrung

Jeder Gartenfreund kennt den Kampf mit dem Giersch – einem lästigen Unkraut, das im Frühjahr weiße Blütendolden trägt und dessen Blätter vor der Blüte als Salat, Suppe und Sauce zubereitet werden können. Der Giersch hat einen unterirdischen Stängel (Rhizom), auch Wurzelstock genannt, der von Frühjahr bis Herbst unterirdische Ausläufer und neue oberirdische Sprosse bildet: Nach Vergehen der Verbindung zur Mutterpflanze entstehen neue, eigenständige Pflanzen. Auf diese Weise kann der Giersch rasch eine größere Fläche bedecken. Übersieht man auch nur ein kleines Rhizomstück im Boden, kann es austreiben – und der Giersch hat uns wieder einmal ein Schnippchen geschlagen. Hobbygärtner und Landwirte können von der Quecke Ähnliches berichten.

Die Erdbeerpflanze vermehrt sich vegetativ, indem sie oberirdische Ausläufer bildet.

Vegetative Vermehrung durch Zerteilung

Unbeliebt machte sich im vorigen Jahrhundert auch eine zweihäusige Wasserpflanze aus Kanada. Schiffe hatten einige weibliche Exemplare in europäische Gewässer eingeschleppt. Die Pflanze vermehrte sich mit großer Geschwindigkeit vegetativ, indem kleine Stängelstückchen zu neuen Pflanzen heranwuchsen. Diese wurden bald eine Plage für Schifffahrt und Fischerei, und die ungeliebte Einwanderin erhielt daher den Namen »Wasserpest« (*Elodea canadensis*). Nach einiger Zeit ging die Wasserpestplage aus nicht ganz geklärter Ursache von allein zurück, nachdem zuvor die verschiedensten Bekämpfungsmaßnahmen nur geringen Erfolg gezeigt hatten.

Vegetative Vermehrung durch Zerteilung muss aber nicht stören wie bei Giersch oder Wasserpest; sie kann für den Menschen auch erfreulich sein, etwa bei der Erdbeere. Diese bildet oberirdisch lange Ausläufertriebe, an deren Enden neue Erdbeerpflänzchen entstehen.

Manche Pflanzen, vor allem viele Gehölze, vermehren sich durch Wurzelsprosse oder -schösslinge, beispielsweise Sanddorn, Schlehdorn oder Essigbaum.

Die leuchtend roten Früchte der Walderdbeere verraten sich durch ihren Duft oft schon, ehe das Auge sie wahrnimmt. Die vegetative Vermehrung erlaubt es der Pflanze, an Orten, die ihr zusagen, rasch größere Bestände zu bilden.

In allen genannten Beispielen, die für viele andere stehen, entstehen aus einem Teilstück der Mutterpflanze neue, unabhängige Pflanzen. Ermöglicht wird dieser Vorgang durch die Fähigkeit der Pflanzen, Zellen wieder teilungsfähig werden zu lassen und somit ein Bildungsgewebe *(Meristem)* für die Neubildung zu schaffen.

Vegetative Vermehrung durch Brutkörper

Das bereits von Goethe bewunderte Brutblatt (*Kalanchoë daigremontiana* und *Kalanchoë tubiflora*), eine beliebte Zimmerpflanze, bildet an seinen Blatträndern Brutknospen. Es sind kleine Tochterpflänzchen, die abfallen und sich am Boden bewurzeln. Agave und Knöllchenknöterich (*Polygonum viviparum*) bilden im Blütenbereich Brutknospen, die nach dem Abfallen zu neuen Pflanzen heranwachsen.

Beim Alpen-Rispengras (*Poa alpina*) existiert eine Form, die anstelle von Frucht und Samen Brutknospen bildet. Bulbillen werden Brutkörper genannt, die in den Blattachseln etwa des Scharbockskrauts (*Ranunculus ficaria*), der Zwiebel-Zahnwurz (*Dentaria bulbifera*) oder mancher Lilienarten (z. B. Feuerlilie, Tigerlilie) stehen.

Auch die Bildung von Brutzwiebeln (z. B. bei Knoblauch, Narzisse, Tulpe), Brutknollen (z. B. Krokus, Ranunkel) und Sprossknollen (z. B. Kartoffel) kann man zu dieser Art der vegetativen Vermehrung zählen.

Johann Gregor Mendel (1822–1884) führte über viele Jahre Kreuzungsversuche mit Erbsensorten durch. Aufgrund seiner Beobachtungen formulierte er Vererbungsregeln und schuf damit die Basis für die moderne Genetik.

Geschlechtliche und vegetative Vermehrung im Vergleich

Die Chromosomen sind als Träger des Erbgutes in einem jeden Lebewesen – so auch in den Pflanzen – in jedem Zellkern vorhanden. Als Geschlechtszellen enthalten Eizelle und Spermazelle jeweils nur einen einfachen Chromosomensatz. Dieser ist entstanden, indem die Chromosomen des doppelten Chromosomensatzes (Chromosomen von Vater und Mutter) in der so genannten Meiose (Reifeteilung) per Zufall aufgeteilt wurden. Somit tragen die Geschlechtszellen eines Lebewesens unterschiedliches Erbgut.

Dies erklärt, dass die Kinder eines Paares – mit Ausnahme eineiiger Zwillinge – niemals identisches Erbgut haben und sich unterscheiden. Ebenso unterscheiden sich bei den Pflanzen die Nachkommen untereinander und von ihren Eltern. Durch entsprechende Züchtungen kann man allerdings weitgehend gleicherbige Eltern gewinnen, deren Nachkommen den Eltern gleichen und die auch untereinander ein einheitliches Erscheinungsbild aufweisen.

Bei der vegetativen Fortpflanzung sind die Nachkommen (Tochterpflanzen) mit der Mutterpflanze genetisch gleich. Alle Tochterpflanzen bilden zusammen einen Klon, haben also alle die gleichen Erbanlagen. Ohne genetische Fortpflanzung, bei der sozusagen die Karten neu gemischt werden, wären Veränderung, Evolution, Anpassungen an neue Umweltbedingungen und auch Züchtung unmöglich.

Die vegetative Fortpflanzung kann aber für Pflanzen wichtig sein, wenn Umweltbedingungen, etwa zu tiefe Temperaturen, eine geschlechtliche Fortpflanzung nicht zulassen oder wenn es darauf ankommt, rasch neue Pflanzen hervorzubringen. Für den Gärtner sind beide Vermehrungsarten wichtig. Bei manchen Pflanzen bietet sich nur eine bestimmte Vermehrungsart an, bei anderen gibt es mehrere Möglichkeiten der Vermehrung (siehe Tabelle Seite 88ff.).

Wenn sich Pflanzen – und das gilt auch für einige Tiere – vegetativ vermehren, entstehen auf natürliche Weise Klone.

Sonnenblumen sind attraktive Pflanzen und bieten mit ihren Samen verschiedenen Vögeln Nahrung.

Wichtige Hilfsmittel

Die Arbeitsutensilien für die Pflanzenvermehrung: Schere, Messer, Handgabel & Co.

Für die Pflanzenvermehrung in der Hobbygärtnerei braucht man weder teure Geräte noch unbedingt bestimmte Vorrichtungen wie Heizungs- und Beleuchtungssysteme, und es geht auch – natürlich nicht alles – ohne Frühbeet oder Gewächshaus. Selbst wenn weder Garten noch Balkon oder Terrasse zur Verfügung stehen, können viele der beschriebenen Verfahren durchgeführt werden.

Werkzeuge und Materialien

Ehe Sie anfangen, sollten Sie sich ein paar Dinge bereitlegen oder anschaffen. Die folgenden Werkzeuge und Materialien sind zum Teil für das Gelingen der Pflanzenvermehrung unverzichtbar, zum Teil dienen sie der sinnvollen Arbeitserleichterung.

Schneiden

Sie benötigen ein gutes Messer, am besten ein Klappmesser, mit dem Sie glatte, saubere Schnitte durchführen können. Für manche Arbeiten sind auch Rasierklingen geeignet. Man verringert die Verletzungsgefahr, wenn man die Klinge der Länge nach in Flaschenkork steckt. Leisten Sie sich eine Gartenschere von guter Qualität. Minderwertige Scheren quetschen das Gewebe. Im Fachhandel finden Sie viele Spezialausführungen, es sind jedoch vor allem zwei Typen zu unterscheiden: die Gegenschnittschere und die Ambossschere.

Die Gegenschnittschere hat zwei Schneiden. Bei der Ambossschere trifft die Schneideklinge auf einen fest stehenden Amboss. Welchen Typ man bevorzugt, ist weitgehend Geschmackssache.

Bodenbearbeitung

Einen Spaten brauchen Sie, um gegebenenfalls den Boden umzugraben, aber auch um größere Pflanzen herauszuheben und zu teilen oder um Pflanzgruben für sie anzulegen. Unerlässlich ist eine Grabgabel:

zur Bodenlockerung, zum Herausheben und Teilen von Pflanzen, zum Einarbeiten von Bodenverbesserungsmitteln und zum Verteilen von Mulchmaterial. Handgabel und Handschaufel verwenden Sie zum Pflanzen, zum Teilen kleiner Pflanzen, zum Unkrautjäten. Mit einem Rechen bearbeiten Sie die Bodenoberfläche, mit seinem Stiel können Sie Saatrillen ziehen. Mit einer Hacke lassen sich ebenfalls Saatfurchen anlegen. Die Hacke ist auch für die Unkrautentfernung und für Bodenlockerung, -glättung und -belüftung verwendbar.

Zum Einsetzen von Blumenzwiebeln und Jungpflanzen sind Pflanzkelle und Setzholz hilfreich, zum Pikieren ein Pikierstab.

Unverzichtbar bei der Arbeit sind Handschuhe, um die Hände vor Schmutz, Verletzungen und gegebenenfalls Gift in Pflanzenteilen zu schützen. Sie beugen auch möglichen Allergien vor.

Wässern

Die Aussaaten, Stecklinge und Jungpflanzen dürfen nicht mit scharfem Strahl gegossen werden. Dieser würde das Substrat wegschwemmen und die Pflanzen beschädigen. Sie brauchen eine feine, abnehmbare Brause für Ihre Gießkanne sowie einen Handsprüher, gegebenenfalls auch einen Sprühnebelvorsatz für Ihren Gartenschlauch.

Sonstiges

Im Fachhandel sind spezielle Folien, Vliese und Netze erhältlich, mit denen Sie Aussaaten, Stecklinge oder Jungpflanzen vor Verdunstung oder zu starker Besonnung sowie gegen Tiere schützen können.

Bewurzelungsstoffe (Bewurzelungshormone) sind in manchen Fällen zu empfehlen: für Stecklinge von Arten, die sich schwer bewurzeln (beispielsweise Zitrusgewächse oder Kamelien), für Steckhölzer oder beim Abmoosen. Die Stoffe sind meist als Puder im Gartenfachhandel erhältlich. Man gibt etwas Puder in ein Gefäß, taucht die Schnittstellen ein und streift überschüssigen Puder am Gefäßrand ab.

Holzkohle hat eine desinfizierende Wirkung, die beim vegetativen Vermehren oft erwünscht ist, um Fäulnis und das Wachsen von Krankheitskeimen zu verhindern. Mit Holzkohlenpulver (erhältlich in der Apotheke) werden Schnittstellen eingepudert, Holzkohlenstückchen (etwa Grillkohle) können Wasser keimarm halten.

Bei der traditionellen Torf-gewinnung werden abge-stochene Stücke zum Trocknen aufgeschichtet.

Substrate

Dieser Oberbegriff meint:
- Stoffe, die Erde ganz oder teilweise ersetzen können, wie Torf, Sand, Styropor, Wasser, Rindenhumus, Kokosfasern,
- Erden, etwa Komposterde,
- Mischungen aus Erde und anderen Stoffen.

Nicht alle Substrate sind für die Pflanzenvermehrung zu empfehlen: Ungeeignete Substrate sowie Substrate, die Pilzsporen, krankheitser-regende Keime oder Unkrautsamen enthalten, können Ihre Arbeit zu-nichte machen.

Unter dem Begriff Substrat werden die verschie-densten Arten von Nähr-böden zusammengefasst. Nicht jedes Substrat ist für das Heranziehen von jungen Pflanzen geeignet.

Anzuchtsubstrate (Aussaatsubstrate)

Sie werden für Vorkulturen und für Stecklinge verwendet. Sie müssen:
- Keimfrei sein. Es kommt sonst leicht zu Fäulnis und Krankheiten. Diese Forderung erfüllen die im Handel erhältlichen Anzuchterden oder -substrate. Wenn Sie sich selbst ein Substrat mischen, sollten Sie es sterilisieren.

■ Locker sein, aber trotzdem Wasser speichern können.

■ Nährstoffarm sein. Die Wurzelbildung sowohl der Keimlinge als auch der Stecklinge wird durch ein zu nährstoffreiches Substrat erschwert.

Die im Fachhandel gängigen Anzuchterden sind häufig Mischungen aus Komposterde, Sand und Torf. Zunehmend gibt es aber torffreie Anzuchtsubstrate, etwa Humus-Sand-Mischungen oder Mischungen aus Gartenerde, Sand und Torfersatzstoff (etwa Rindenhumus, Faserholz, Kokosfaser).

Sie können sich Ihre Anzuchterde auch selbst mischen, etwa:

■ Sand und Komposterde im Verhältnis 1 : 1

■ 1/3 Gartenerde, 1/3 Sand (Quarzsand), 1/3 Torfersatzstoff. Sand erhalten Sie in einer Baustoffhandlung als Bausand.

■ Für Stecklinge hat sich die Mischung Torf-Sand im Verhältnis 1 : 1 seit langem bewährt. Statt des Torfs können Torfersatzstoffe verwendet werden. Bei sich schwer bewurzelnden Stecklingen kann Torf – es handelt sich ja um geringe Mengen – vertretbar sein.

Ihre Mischungen sollten Sie keimfrei machen, d. h. sterilisieren. Füllen Sie zu diesem Zweck eine hitzebeständige Folie mit dem Substrat, und verschließen Sie sie gut. Erhitzen Sie die Mischung 30 Minuten lang im Backofen bei 140 bis 160 °C oder in der Mikrowelle 10 bis 15 Minuten lang bei 600 Watt.

Komposterde mit ihrem hohen Humusanteil ist nicht nur ein altbewährter Bestandteil von Substraten, sondern außerdem auch ein wertvoller Dünger.

Ein Wort zum Torf

Torf wird in Mooren gebildet und besteht aus Pflanzen, die unter Luftabschluss dort nur unvollständig zersetzt worden sind. Er kann große Wassermengen speichern. Im Garten ist er entbehrlich, da er den Boden sauer macht, keinerlei Nährstoffe hat und zu Verdichtung neigt. In den Vermehrungssubstraten sind sein Wasserspeichervermögen und seine Nährstoffarmut von Vorteil.
Bei Stecklingen fördern die im Torf enthaltenen Huminsäuren die Bewurzelung. Der im Gartenfachhandel erhältliche Torf wird zumeist in den Hochmooren abgebaut – den letzten natürlichen Lebensräumen unserer Landschaft mit hoch angepassten Arten. Bedenken Sie: Von diesen Arten sind viele mit dem Verschwinden der Moore zum Aussterben verurteilt.

17

Pikiersubstrate

Sie sind meist etwas nährstoffreicher als Anzuchtsubstrate, die jedoch im Allgemeinen ebenfalls gut geeignet sind. Nach einiger Zeit ist Düngung zu empfehlen.

Pflanzerden

Pflanzerden verwendet man für Dauerkulturen. Es handelt sich meist um vorgedüngte, nährstoffreiche Mischungen. Auch Pflanzerden können Sie selbst herstellen, indem Sie beispielsweise einen Teil Gartenerde, einen Teil Kompost und einen Teil Sand mischen. Wenn Sie nur geringe Mengen brauchen, können Sie diese ebenfalls im Backofen sterilisieren. Je nach Bedarf kann der Mischung vor der Verwendung organischer Dünger (Hornspäne, Knochenmehl), Algenkalk oder Steinmehl zugefügt werden.

Unter Pikieren versteht man das vorsichtige Umsetzen von dicht aneinander stehenden Keimlingen oder Stecklingen, damit sie mehr Platz zum Wachsen haben.

Gefäße

Für Aussaat und Pikieren, für Stecklinge und für die Weiterkultur stehen heute viele Gefäße zur Verfügung. Wichtig ist, dass sie gut zu reinigen sind und keinen Nährboden für Krankheitserreger bilden. Alle Gefäße müssen am Boden Löcher haben, damit das Wasser abfließen kann (Drainage). Stauende Nässe vertragen die Jungpflanzen überhaupt nicht. Für die Abdeckung dieser Abzugslöcher eignen sich Tongranulat, Tonscherben oder Kies.

Schalen

Saatschalen aus Plastik sind in verschiedenen Größen erhältlich. Sie haben am Boden Löcher für den Wasserabzug, sind leicht zu reinigen und lassen sich auch für Stecklinge verwenden. Joghurtbecher, Quarkbecher, Obstschalen, Speiseeisbehälter können, nachdem in den Plastikboden Löcher gestochen wurden, ebenfalls verwendet werden.

So genannte Zimmergewächshäuser sind Kunststoffschalen mit einer durchsichtigen Haube als Verdunstungsschutz. Es gibt diese Vermehrungskästen auch mit thermostatisch geregelter Bodenheizung – zu empfehlen, wenn man tropische und sonstige wärmebedürftige Pflanzen anziehen will.

Multitopfplatten

In Schalen gesäte Keimlinge oder gesetzte Stecklinge müssen bald pikiert werden, was oftmals die gerade gebildeten, empfindlichen Wurzeln beschädigt. Mit Multitopfplatten kann man dieses Problem umgehen. Sie bestehen aus vielen kleinen Töpfchen, in die jeweils nur ein oder wenige Samen gesät werden. Die Pflänzchen entwickeln einen Wurzelballen, und es muss gar nicht oder nur einmal pikiert werden, ehe getopft oder ausgepflanzt wird. Multitopfplatten sind aus Plastik, Torf und Recyclingpapier und in unterschiedlichen Größen im Handel erhältlich.

Einzeltöpfe

Für die Anzucht und zum Pikieren nimmt man am besten kleinere Plastikgefäße. Es gibt auch Einmaltöpfe aus Papier oder Torf, die gleich mit ausgepflanzt werden, wodurch die jungen Wurzeln geschont werden können. Der Fachhandel hält eine große Auswahl an Töpfen, Kübeln, Kästen für Dauerkulturen in Haus und Garten, auf Balkon und Terrasse, darunter auch die guten alten Tontöpfe, bereit.

Verdunstungsschutz

Eine beständige Gefahr für Aussaaten und Stecklinge ist Trockenheit durch zu starke Verdunstung. Als Schutz dienen Glasscheiben, Plastikhauben, Plastikfolien und Einmachgläser. Für Luftzufuhr muss allerdings gesorgt werden: Schneiden Sie Löcher oder Schlitze in die Plastiktüten oder -folien, stellen Sie Glasscheiben oder Einmachgläser auf Klötzchen oder Stöckchen.

Für die Pflanzenvermehrung können auch einfache Plastiktöpfe und -becher aus dem Haushalt verwendet werden. Wichtig: Das Wasser muss am Becherboden abfließen können.

Jungpflanzen brauchen einen Schutz vor dem Austrocknen.

Wachsen hinter wärmendem Glas

Viele wärmeliebende Nutz- und Zierpflanzen können im Zimmer, in Veranda oder Wintergarten vorgezogen, nicht wenige auch weiterkultiviert werden (viele Stauden und Gehölze sind Kaltkeimer, die besser im Freiland oder auf Balkon oder Terrasse angezogen werden sollten). Auch viele Formen der vegetativen Vermehrung – wie Stecklingsvermehrung und Teilung, Abmoosen, Vermehrung über Ausläufer und Kindel – lassen sich problemlos am Küchentisch durchführen.

Fensterbank

Fensterbänke sind am besten geeignet, wenn sie nach Osten oder Westen liegen. Die Heizung darunter kann für sehr wärmebedürftige Arten wie tropische Früchte (beispielsweise Avocado) von Nutzen sein. Wird es zu heiß, sollte man eine Kork- oder Styroporplatte unter das Aussaatgefäß legen. Eine solche Platte kann auch gegen Kälte von Steinfensterbänken hilfreich sein.

Im Fachhandel sind Kalte Kästen in verschiedenen Größen und Materialien erhältlich. Wer etwas Geschick hat, kann sich auch selbst aus vorgefertigten Teilen ein Frühbeet bauen.

Frühbeet

Frühbeetkästen bieten den Pflanzen ein günstiges Kleinklima – mehr Wärme und Feuchtigkeit als im Freiland. Sie sind deshalb ideale Orte für die Jungpflanzenanzucht. In einem Frühbeet lassen sich Sommerblumen, zweijährige Blumen, Stauden, Gemüse und Kräuter vorziehen, in ihm können Kaltkeimer ausgesät werden, auch Stecklinge werden darin vor zu großem Feuchtigkeitsverlust geschützt. Der *Warme Kasten* hat heute meist eine elektrische Heizung. Unverrottetes organisches Material (Mist, Stroh, Laub) erfüllt ebenfalls diese wärmende Funktion – in früheren Zeiten die übliche Form des Warmen Kastens. Das »Packen des Mistbeets« bedeutet allerdings ziemlich viel Aufwand. Auch das elektrisch geheizte Frühbeet ist aufwändiger in Bedienung und Wartung als der *Kalte Kasten*. Bei ihm sorgt nur die Sonneneinstrahlung für Wärme.

Folien und Vliese

Sie ersetzen heute vielfach die Frühbeetkästen, da sie einfacher zu handhaben sind, aber wie diese die Verdunstung einschränken, Wärme speichern, vor Wind und leichtem Frost schützen, zudem noch wasserdurchlässig sind. Im Fachhandel gibt es auch Folientunnelsets: runde Drahtbügel, über die Folie gespannt wird.

Kleingewächshäuser

In einem Kleingewächshaus können Hobbygärtner praktisch alle Pflanzen, nach denen ihnen der Sinn steht, anziehen und vermehren – jedenfalls wenn Heizung und Zusatzbeleuchtung zur Verfügung stehen. Man kann darin auch frostempfindliche Pflanzen ideal überwintern. Diese Gewächshäuser sind nicht billig, und nur für jemanden, der das Hobby intensiv betreibt, werden sich Anschaffung und Unterhalt tatsächlich lohnen. Anlehnhäuser haben eine geringere Glasfläche, profitieren von der Hauswärme und verbrauchen somit weniger Energie. Auf jeden Fall muss ein Gewächshaus an einem sonnigen Platz stehen. Günstig ist hierbei Ost-West-Richtung.

Gartenvliese passen sich schützend dem Pflanzenwachstum an. Insbesondere im Frühjahr schützen sie die Aussaaten und Jungpflanzen vor Frost und Wind, halten Schädlinge ab und sorgen für ein günstiges Kleinklima.

Ein Frühbeet ist ideal für die Pflanzenanzucht – es muss kein Luxusmodell sein!

Pflanzenleuchten

Mangelnde Lichteinstrahlung im Winter ist ein Problem bei der Anzucht. Die Pflänzchen vergeilen: Sie bilden dünne, lange und schwache Triebe, die umknicken und faulen können. In der dunklen Zeit – etwa von Oktober bis Februar – kann deshalb eine Zusatzbeleuchtung sinnvoll sein. Geeignet sind Leuchtstofflampen und im Fachhandel erhältliche Pflanzenlampen, deren Licht dem Tageslicht entspricht.

Zum Desinfizieren ziehen Sie z. B. das Messer durch eine Kerzenflamme. Wischen Sie den Ruß sorgfältig mit einem sauberen Taschentuch ab. So vermeiden Sie, dass bereits beim Schnitt Krankheitskeime übertragen werden.

Vermehrungskrankheiten und Schädlingsbefall

Verschiedene Pilze, Bakterien und Viren, die sich in Feuchtigkeit und Wärme wohl fühlen, können Aussaaten, Keimlinge, Stecklinge, kurz: alle Pflanzen im Jugendstadium befallen. Und auch tierische Schädlinge können sich darüber hermachen.

Gegen diese Gefahren für die jungen Pflanzen heißt es von Anfang an vorbeugen durch:

- Verwendung von einwandfreiem Saatgut
- Auswahl gesunder, schädlingsfreier, kräftiger Mutterpflanzen für die vegetative Vermehrung
- Gute Arbeitshygiene: Verwendung keimfreier Substrate für die Anzucht, sauberer Werkzeuge und Gefäße
- Vermeiden von stauender Nässe oder Trockenheit im Substrat
- Regelmäßiges Lüften bei Bedeckungen (Glas, Kunststoffhauben)
- »Abhärten« von vorkultivierten Pflanzen: Bedeckungen für immer längere Zeitabschnitte entfernen, gegebenenfalls Pflanzen zunächst nur kurze Zeit ins Freie stellen
- Rechtzeitiges Pikieren bzw. Vereinzeln
- Behandeln von Schnittstellen mit Holzkohlepulver
- Schützen im Freiland mit Netzen, Folien oder Vliesen gegen Vögel und andere Tiere
- Fruchtwechsel und Anlegen von Mischkulturen im Freiland zur allgemeinen Stärkung der Pflanzen

Behandeln

Trotz aller Sorgfalt können manchmal Krankheiten und Schädlinge auftreten. Der Fachhandel bietet eine Fülle von so genannten Pflanzenschutzmitteln gegen Pilze, Bakterien, Viren und tierische Schädlinge an. Ehe Sie zu einem Gift greifen, bedenken Sie jedoch, dass Sie Hobbygärtnerei betreiben und keinen Krieg führen und dass Sie beim Umgang mit giftigen Mitteln sich selbst, andere Menschen, Tiere und Ihre Pflanzen schädigen können. Relativ einfache, aber wirkungsvolle Alternativen sind etwa:

■ Tees aus Brennnessel oder Schachtelhalm, etwa gegen die häufige Umfallkrankheit bei Sämlingen und Jungpflanzen (dunkle Einschnürung am Stängelende, Sämlinge oder Stecklinge fallen um und sterben ab)

■ Absammeln (Schnecken) oder Abstreifen (Blattläuse, Schildläuse) von Schädlingen

■ Einsäen von Fangpflanzen, beispielsweise Studentenblume (*Tagetes*), Ringelblume (*Calendula*), Mädchenauge (*Coreopsis*) gegen Nematoden (Fadenwürmer)

■ Mittel auf Algen- oder Kräuterbasis (erhältlich im Fachhandel)

■ Nützlinge – etwa gegen Dickmaulrüssler (Fachhandel)

■ Duftstoffe gegen Wühlmäuse

Vom richtigen Zeitpunkt

Bei vielen Pflanzen bietet sich für die Vermehrung der Frühling als Zeit des zunehmenden Lichts, des starken Pflanzenwachstums und des Beginns der warmen Jahreszeit an, so bei den meisten Aussaaten und bei der Stecklingsvermehrung. Frühblüher teilt man im Sommer, Zweijährige sät man ebenfalls im Sommer aus. Viele Vermehrungarten werden in der Zeit der Vegetationsruhe im Herbst und Winter durchgeführt, etwa die Teilung von Stauden oder das Schneiden von Steckhölzern. Bei vielen Zimmerpflanzen schließlich ist Vermehrung das ganze Jahr über möglich.

Für eine Brennnesselbrühe Brennnesseln in zehn Liter kaltem Wasser ansetzen, nach drei Tagen abseihen. Mit diesem Auszug können Sie Ihre Jungpflanzen gießen oder spritzen. Im Handel ist auch Brennnesselpulver erhältlich.

Anzucht aus Samen

Aus dem ausgereiften Samen treiben, wenn die Bedingungen stimmen, Spross und Wurzel aus.

Samen gleichen sich im Aufbau: außen die schützende Schale und im Inneren der ruhende Embryo mit den Keimblättern. Wie deutlich können sich Samen jedoch in Größe, Form und Farbe unterscheiden! Schauen Sie sich einmal in einem Lebensmittelmarkt um. Sie finden dort, getrocknet und in Klarsichthüllen verpackt: weiße Bohnen, rote Bohnen, grüne Erbsen, gelbe Erbsen, Kichererbsen, braune Linsen, rote Linsen – um nur einige der gebräuchlicheren Hülsenfrüchte zu nennen. Welche Unterschiede, obwohl alle einer Pflanzenfamilie, den Schmetterlingsblütlern, angehören! Die Kerne von Äpfeln, die Steine von Kirschen und von Mangos, die Mohnkörner auf der Frühstückssemmel, die Schirmchenflieger des Löwenzahns – alles Samen.

Die Selbstaussaat von Pflanzen nutzen

Manche Pflanzen können durch ihre Selbstaussaat lästig werden. In diesem Fall entfernen Sie rechtzeitig die Früchte, ehe sie Samen ausstreuen. Oder graben Sie die Sämlinge aus und verpflanzen Sie sie an einen Ihnen genehmen Platz.

Wenn man sie lässt und Blüten und Früchte nicht vorzeitig entfernt, säen sich einige Pflanzen im Garten leicht selbst aus – so wie das die Wildpflanzen in der freien Natur auch tun. Manche Samen haben nahrhafte – öl-, fett- oder eiweißreiche – Anhängsel, Elaiosomen genannt, die die Ameisen sehr schätzen und die sie deshalb mit sich forttragen. Wohlriechendes Veilchen, Schneeglöckchen und Leberblümchen sorgen so für ihre Ausbreitung. Die von den Pflanzen ausgesäten Samen keimen, und die Pflänzchen wachsen (falls ihnen die Bedingungen zusagen), ohne dass wir etwas dazu tun müssen außer gießen, Unkraut jäten und später düngen.

Oft stellen sich unbekannte Pflanzen ein – Wind oder Tiere haben die Samen in den Garten gebracht. Ehe Sie Wildpflanzen als Unkraut verfolgen, prüfen Sie erst, ob sie wirklich stören. Vielleicht sind sie ja eine Bereicherung Ihres Gartens. Wenn Gundermann (*Glechoma hederaceum*), Gauchheil (*Anagallis*), Klatschmohn (*Papaver*) und andere sich zu sehr ausbreiten, können Sie immer noch einschreiten.

Samen ernten und aufbereiten

Auch wenn man die Samen vieler Pflanzen heute im Fachhandel in guter Qualität kaufen kann, macht die Samenernte bei den eigenen Pflanzen Spaß. Bei schwer erhältlichen Arten oder Sorten kann sie sogar notwendig sein. Samenernte ist allerdings nicht für alle Pflanzen zu empfehlen. Bei vielen Kulturpflanzen fällt nämlich der Samen »nicht treu«: Die Nachkommen spalten auf und ergeben Pflanzen mit anderen Eigenschaften, als sie die Pflanzen hatten, von denen die Samen gewonnen wurden.

Wenig sinnvoll ist es auf jeden Fall, Samen von den so genannten F1-Hybriden zu ernten (siehe Seite 30), denn die zweite Generation (F 2) bringt in der Regel minderwertige Pflanzen hervor. Sie können natürlich den oben genannten Selbstaussäern zuvorkommen und die Samen ernten, ehe die Pflanze sie ausstreut.

Geschenktipp

Füllen Sie selbst geerntete Samen Ihrer Gartenpflanzen in kleine, zuvor beschriftete Papiertüten. Stecken Sie die Tüten in ein Holzkistchen oder in einen mit farbigem Papier überzogenen Pappkarton.

Gartenpflanzen, die sich leicht selbst aussäen

▶ **Gewürzkräuter:**
Borretsch (*Borago officinalis*), Dill (*Anethum graveolens*), Engelwurz (*Angelica archangelica*), Kerbel (*Anthriscus cerefolium*), Kümmel (*Carum carvi*), Melisse (*Melissa officinalis*), Schnittlauch (*Allium schoenoprasum*), Winterzwiebel (*Allium fistulosum*), Ysop (*Hyssopus officinalis*).

▶ **Gartenblumen (Kultur- und Wildarten):**
Akelei (*Aquilegia*), Bartnelke (*Dianthus barbatus*), Blaustern (*Scilla*), Christrose (*Helleborus niger*), Eisenhut (*Aconitum*), Frauenmantel (*Alchemilla vulgaris*), Klatschmohn (*Papaver rhoeas*), Königskerze (*Verbascum densiflorum*), Kornblume (*Centaurea cyanus*), Küchenschelle (*Pulsatilla*), Leberblümchen (*Hepatica*), Lupine (*Lupinus*), Maßliebchen (*Bellis*), Nachtkerze (*Oenothera biennis*), Ringelblume (*Calendula*), Schneeglöckchen (*Galanthus*), Wilde Malve (*Malva neglecta*), Wohlriechendes Veilchen (*Viola odorata*).

▶ **Ziergehölze:**
Blasenesche (*Koelreuteria*), Bartblume (*Caryopteris*) und viele andere.

Wildpflanzen

Während man der Natur keinesfalls ganze Pflanzen oder Pflanzenteile entnehmen sollte, braucht man sich nicht zu scheuen, einige wenige Früchte zu ernten, um Samen zu gewinnen. Falls die Aussaat keinen Erfolg bringt, wird damit die Pflanze nicht weiter geschädigt, während ein Ausgraben von Wildpflanzen für den eigenen Garten, wie es leider immer noch manche »Pflanzenfreunde« praktizieren, einen Verlust für die Natur bedeutet und – wenn die Bedingungen im Garten nicht passen – den Tod der Pflanzen.

Bitte beachten Sie, dass bei gesetzlich geschützten Arten auch keine Samen abgenommen werden dürfen. Das Ausgraben von Wurzeln oder Pflücken der Pflanzen ist ohnehin tabu.

Insbesondere bieten sich Wildsträucher oder Wildbäume an, deren oftmals leuchtend farbige Früchte bei einem Spaziergang geerntet werden können. Die meisten dieser Früchte sind im Herbst reif. Am besten erntet man kurz vor der Vollreife.

Wildfrüchte ernten

Name	Ernte und Aussaat
Eberesche (*Sorbus aucuparia*)	Ernte im Herbst, Samen auswaschen und sofort aussäen
Hasel (*Corylus avellana*)	Ernte im Herbst, Aussaat sofort
Holunder (*Sambucus nigra*)	Ernte im Herbst, Aussaat im Frühjahr nach Stratifikation
Liguster (*Ligustrum vulgaris*), giftig!	Ernte im Herbst, Samen auswaschen und sofort aussäen
Pfaffenhütchen (*Euonymus europaea*), giftig!	Ernte im Herbst, Samen auswaschen und sofort aussäen
Rosskastanie (*Aesculus hippocastanum*)	Ernte im Herbst, Samen feucht lagern und im Frühjahr aussäen
Schlehe (*Prunus spinosa*)	Ernte im Herbst, Samen auswaschen und sofort aussäen
Weißdorn (*Crataegus*)	Ernte im Herbst, Aussaat im Frühjahr nach Stratifikation
Wildrose (*Rosa*)	Ernte im Herbst, Aussaat im Frühjahr nach Stratifikation

Erntezeitpunkt

Ernten Sie an einem trockenen Tag, am besten gegen Abend. Das Erkennen der Vollreife ist nicht ganz leicht und bedarf bisweilen einiger Übung. Ein Hinweis darauf sind veränderte Fruchtfarbe und/oder Trockenheit der Hüllen. Allerdings kann man die geernteten Samen in einem offenen Gefäß auch noch im Haus an einem trockenen und (mäßig) warmen Ort nachreifen lassen.

Samengewinnung und Samenreinigung

Bei fleischigen Früchten müssen die Samen aus dem Fruchtfleisch gelöst und anschließend sehr sorgfältig gereinigt und getrocknet werden. Unter den Gemüsepflanzen haben beispielsweise Gurken, Kürbis, Tomaten und Paprika reichlich Fruchtfleisch. Man löst die Samen vorsichtig heraus, spült sie ab, um sie von anhängendem Fruchtfleisch zu reinigen und trocknet sie, am besten auf einem Papiertuch. Nach der Trocknung faltet man das Papier samt den daran haftenden Samen vorsichtig zusammen und bewahrt es trocken und kühl auf. Bei der Aussaat im Frühjahr kann man dann Papierstücke mit einigen Samen in Töpfe mit Aussaaterde legen.

Ein anderes Verfahren der Samengewinnung sollten Sie bei den Früchten von Gehölzen anwenden: das Vergären und Auswaschen. Sie können auch die oben genannten Samen fleischiger Gemüsefrüchte auf diese Weise gewinnen. Gehen Sie folgendermaßen vor:

■ Früchte zerquetschen; bei großen Gartenfrüchten das Mark mit eingelagerten Samen herausschneiden.

■ Zerquetschte Früchte bzw. Fruchtmark in einem Gefäß mit Wasser übergießen.

■ Einige (zwei bis 14) Tage gären lassen. Zugabe von etwas Steinmehl vermindert üble Gerüche, die dabei entstehen.

■ Sobald sich das Fruchtfleisch verflüssigt, Gärmasse in ein Sieb mit geeigneter Maschenweite schütten.

■ Samen herausnehmen und gut abspülen.

■ Samen ausbreiten und trocknen.

Durch Hemmstoffe im Fruchtfleisch verhindern viele Pflanzen eine zu frühe Keimung. Gewinnt man aus selbst geernteten Früchten Samen, müssen diese daher sorgfältig von anhängendem Fruchtfleisch gereinigt werden.

Einfacher ist es, Samen aus trockenen Schoten (beispielsweise Silberblatt), aus Hülsen (z. B. Bohnen), Kapseln (Mohn, Pfingstrose) oder aus dem trockenen Blütenstand (Doldenblütler) zu lösen. Öffnen sich die trockenhäutigen Früchte nicht von selbst, kann man sie mit einem Brett oder Nudelholz zerquetschen. Zur Trennung von Samen und unerwünschten Pflanzenteilen schütten Sie alles in eine Schüssel und rühren darin mit der Hand herum. Auf diese Weise kommen Stängel-, Frucht- und Blattteile nach oben, von wo sie abgeklaubt werden können. Die weitere Reinigung der Samen erfolgt dann mit einem Haushaltssieb, in dem die Spreu hängen bleibt. Den nun noch den Samen beigemischten Staub entfernen Sie durch Ausblasen: Etwas vom Reinigungsgut zwischen die Finger nehmen, über die Schüssel halten und dagegenblasen. So fällt nur der (schwere) Samen in den Behälter, der Staub fliegt davon. Diese Samenreinigung sollte nicht vernachlässigt werden, da die häufig den Pflanzenteilen ansitzenden Pilzsporen die Samen verderben können.

Die Samen von Nadelgehölzen stecken meist in Zapfen. Ernten Sie die noch geschlossenen Zapfen, legen Sie sie in eine Kiste, und stellen Sie diese an einen möglichst warmen Ort. Bald darauf öffnen sich die Zapfen und geben die Samen in ihrem Inneren frei.

> **Steinmehl wird durch Zermahlen von Urgestein gewonnen und ist reich an Mineralien und Spurenelementen. Es neutralisiert Gerüche und kann zudem als Dünger und zur Bodenverbesserung eingesetzt werden.**

Samen selbst ernten

▶ **Gemüse:**
Bohnen (*Phaseolus*), Erbsen (*Pisum*), Gurken (*Cucumis*), Kürbis (*Cucurbita*), Paprika (*Capsicum*), Tomaten (*Lycopersicon*).

▶ **Sommerblumen:**
Jungfer im Grünen (*Nigella damascena*), Ringelblume (*Calendula officinalis*), Studentenblume (*Tagetes tenuifolium*).

▶ **Stauden:**
Christrose (*Helleborus niger*), Stängelloser Enzian (*Gentiana acaulis*), Tränendes Herz (*Dicentra spectabilis*), Trollblume (*Trollius europaeus*), Winterling (*Eranthis hiemalis*), Wohlriechendes Veilchen (*Viola odorata*).
Hinweis:
Samen dieser Stauden sollten gleich nach der Ernte wieder ausgesät werden.

*Samen sollten möglichst kühl
und trocken aufbewahrt
und mit einer Beschriftung
versehen werden.*

Schließlich sollten noch die Samen aus gekauften exotischen Früchten erwähnt werden (siehe auch Seite 51ff.). Auch dies ist eine Art von Samenernte: Vielleicht werfen Sie nach Ihrer Obstmahlzeit die Samen einmal nicht weg, sondern pflanzen sie ein? Viele Früchte eignen sich prinzipiell dafür. Trotzdem müssen Sie mit Misserfolgen rechnen, denn Früchte werden oftmals für eine längere Haltbarkeit und den Transport noch unreif geerntet. Die Samen lassen sich im Allgemeinen leicht aus dem Fruchtfleisch lösen. Entfernen Sie noch anhängendes Fruchtfleisch sorgfältig (keimhemmende Wirkung!), waschen Sie die Samen, und lassen Sie sie trocknen.

Samen richtig lagern

Nur wirklich trockene Samen werden in Säckchen, Tüten, Schachteln oder Gläsern lichtgeschützt an einem kühlen und trockenen Ort gelagert. Der Lagerplatz sollte selbstverständlich auch Mäusen und Vögeln nicht zugänglich sein. Vergessen Sie nicht, die Behältnisse mit Etiketten zu versehen, sonst wissen Sie vielleicht im nächsten Jahr nicht mehr, um welche Pflanzen es sich handelt.

**Transportieren Sie
Samen über weitere
Entfernungen licht-
geschützt in einer
Schachtel oder Dose,
und bewahren Sie sie
vor Frost und Hitze.**

Samen kaufen

Wenn Sie größere Sicherheit haben wollen, kaufen Sie Samen. Es gibt heute ein sehr breites Angebot, das auch besondere Pflanzen umfasst. Schauen Sie sich in entsprechenden Fachgeschäften um. Lebensmittelläden bieten oftmals ein Sortiment »üblicher« Arten an.

Interessant sind die Kataloge des Samenversands, die man sich gratis oder für ein paar Mark schicken lassen kann. Es gibt Spezialversender, die sich auf bestimmte Bereiche – Gemüse, Kräuter, Stauden, Wildblumen – spezialisiert haben.

Die Samen von Gemüse und landwirtschaftlich genutzten Pflanzen müssen gesetzlichen Anforderungen entsprechen. Durch Kontrollen wird sichergestellt, dass die Samen keimfähig sind und dass sie »treu fallen«. Das bedeutet, dass die Eigenschaften der jeweiligen Sorte erhalten bleiben und sich nicht in der nächsten Generation verändern oder verschwinden. Viele Firmen bieten ihre Samen in versiegelten Keimschutzpackungen an, die das Feuchtwerden und damit rasches Altern verhindern. Auf den meisten Packungen finden Sie ein Haltbarkeitsdatum, das für die ungeöffnete Packung gilt.

Wenn Sie im Winter die Kataloge des Samenversands anfordern, können Sie in Ruhe auswählen. Die Adressen von Samenversendern finden Sie im Branchenbuch und in den Anzeigen von Gartenzeitschriften.

Was sind F1-Hybriden?

Auf manchen Samentüten finden Sie diese Bezeichnung. Es handelt sich dabei um die unmittelbar folgenden Nachkommen reinerbiger Eltern, die sich in einem oder mehreren Merkmalen unterscheiden. Diese Nachkommen der ersten Generation (Tochtergeneration = Filialgeneration) heißen F1-Hybriden, weil sie nicht mehr reinerbig, sondern mischerbig sind. Sie sind meist größer, haben mehr Blüten, mehr oder größere Früchte im Vergleich zu ihren reinerbigen Eltern. Allerdings spalten die Nachkommen der F1-Hybriden wieder auf. Wenn Sie sich für den Kauf von F1-Hybriden-Samen entscheiden, müssen Sie daran denken, dass bei Selbstaussaat oder Samenernte von diesen F1-Pflanzen die (geschätzten) Eigenschaften nicht gewahrt bleiben. Sie müssen also F1-Samen stets wieder neu kaufen.

Pillensamen, Saatband

Sehr kleine Samen (beispielsweise Möhren, Radieschen, Petersilie) lassen sich – gerade von weniger geübten Hobbygärtnern – nur schwer gleichmäßig ausbringen. Oft fallen sie viel zu dicht, und die Jungpflänzchen machen sich gegenseitig Platz und Nährstoffe streitig, wenn man sie nicht rechtzeitig pikiert oder vereinzelt. Hier bieten die Saatguterzeuger Hilfe an.

Bei Pillensamen oder pilliertem Samen ist das Samenkorn von einem wasserlöslichen Mantel (etwa aus Algenmehl) umgeben. Der Samen ist so erheblich vergrößert und kann leichter gleichmäßig und in ausreichenden Abständen ausgesät werden. Wichtig: Für genügend Feuchtigkeit sorgen, damit sich die Hülle löst.

Auf Saatbändern sind die Samen bereits in den richtigen Abständen aufgebracht. Das Band selbst besteht aus zersetzbarem Material, das im Boden rückstandslos zerfällt. Angeboten als Saatbänder werden neben Einzelsorten auch Mischungen wie beispielsweise Rettich mit Eissalat, Möhren mit Radieschen oder Kräutermischungen (beispielsweise Petersilie, Dill, Kerbel, Basilikum, Bohnenkraut, Majoran, Schnittlauch, Melisse).

Geschenktipp
Saatbänder – eventuell zusammen mit einem Balkonkasten – sind motivierende Geschenke für Einsteiger. Anfängliche Probleme bei Aussaat und Komposition verschiedener Pflanzen können so umgangen werden.

Haltbarkeit von Samen

Damit Sie keine bösen Überraschungen erleben und die Samen wirklich bis zum aufgedruckten Datum halten, müssen die ungeöffneten Packungen trocken, kühl und vor Licht geschützt aufbewahrt werden. Übrig gebliebene Samen in einer geöffneten Packung halten noch ein bis zwei Jahre (Samen mancher Arten auch viel länger). Stecken Sie die völlig trockene Packung in ein Schraubdeckelglas oder in ein Plastikdöschen. Verminderte Zufuhr von Luftsauerstoff lässt die Samen länger keimfähig bleiben.

Wer im Zweifel ist, ob er Samen noch verwenden kann oder sie besser fortwirft, der sollte einen Keimtest durchführen – ein Verfahren, das auch die Saatzuchtanstalten anwenden, um einwandfreie Qualität zu gewährleisten. Für den Hobbygärtner empfiehlt sich ein einfaches

Stauden sterben am Ende der Vegetationsperiode in ihren oberirdischen Teilen ab, überdauern aber mit Hilfe unterirdischer Organe oder oberirdische Erneuerungsknospen, die dicht an der Erdoberfläche liegen.

Vorgehen, das vor allem für Gemüse- und Blumensamen geeignet ist. Machen Sie diese Keimtests am besten im Winter oder Frühjahr – vor dem Kauf neuer Samen für das kommende Gartenjahr.

■ Legen Sie eine dickere Lage Küchenkrepp, Vlies oder Papiertaschentücher in einen Suppenteller, und feuchten Sie sie gut an.

■ Zählen Sie 100 (50, 10) Samen ab, und bestücken Sie mit diesen Samen die Unterlage.

■ Decken Sie mit einer Glasplatte, Käseglocke oder Klarsichtfolie ab. Stellen Sie jedoch – durch ein eingeklemmtes Holzstück bzw. Luftschlitze in der Folie – den Luftaustausch sicher.

■ Teller, Papier und Hände sollten sehr sauber sein, da sonst auch anderes keimen kann als die Samen und der Test somit wertlos wird.

■ Stellen Sie den Teller an einem hellen, aber nicht sonnigen Platz mit Zimmertemperatur auf.

■ Halten Sie die Aussaat feucht, aber nicht nass.

■ Je nach Keimdauer der Art können Sie nach einigen Tagen das Ergebnis auszählen: Wenn Sie 100 Samen ausgesät haben und 60 aufgegangen sind, so haben die Samen eine Keimfähigkeit von 60 Prozent. Liegt die Keimfähigkeit unter 40 Prozent, sollten Sie sicherheitshalber doch lieber neues Saatgut kaufen.

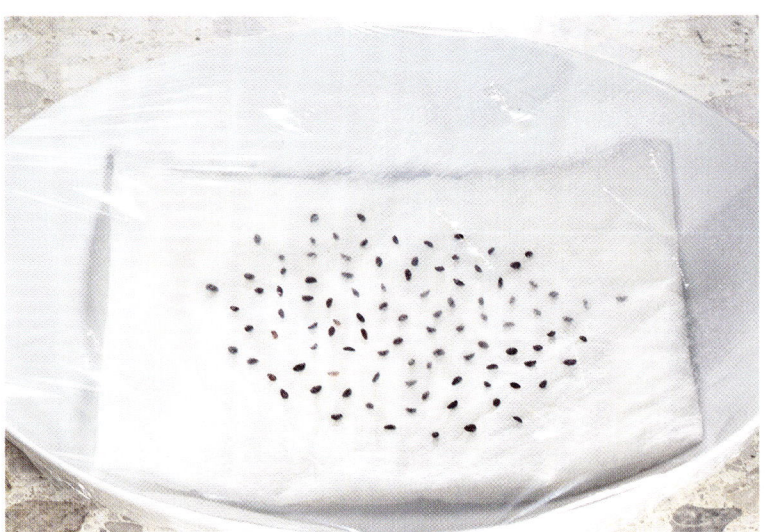

Die Keimprobe zeigt, ob das Saatgut noch keimfähig ist.

Keimdauer

Jeder Hobbygärtner hat schon beobachtet, dass manche Pflanzensamen nach wenigen Tagen keimen, andere mehrere Wochen dafür brauchen. In der Regel keimen die Pflanzensamen im (warmen) Zimmer schneller als draußen. Bei Möhren, Zwiebeln, Lauch oder Petersilie muss man mit drei Wochen rechnen (Langsamkeimer), Kresse oder Rauke keimen schon nach drei Tagen (Schnellkeimer). Auf den meisten Samenpackungen finden sich Angaben zur Keimdauer, so dass Sie ungefähr wissen, worauf Sie sich einzustellen haben.

Keimungsbedingungen schaffen

Nur wenn bestimmte Bedingungen, die von Art zu Art variieren können, erfüllt sind, keimen Samen. Während alle Samen dafür Feuchtigkeit brauchen, gibt es bei den anderen Keimungsbedingungen, wie Temperaturen oder Lichtverhältnissen, Unterschiede.

Keimungstemperatur

Die meisten Pflanzen keimen bei Zimmertemperaturen zwischen 18 und 22 °C. Wie bereits erwähnt, gibt es aber auch Kaltkeimer und Warmkeimer.

Zu den Warmkeimern gehören manche Gemüse, die aus warmen Gegenden zu uns gekommen sind – beispielsweise Auberginen, Gurken, Melonen, Paprika, Tomaten – und Samen tropischer Früchte. Erst bei Temperaturen über 22 °C keimen sie richtig gut.

Kaltkeimer hingegen sind meist Pflanzen, die an ihrem ursprünglichen Standort Kälte-, Schnee- oder Frostperioden ausgesetzt sind, darunter viele Gebirgspflanzen und Frühblüher. Heute spricht man nicht mehr von Frost-, sondern von Kaltkeimern, da Frost nicht erforderlich ist (aber auch nicht schadet), wohl aber tiefe Temperaturen zwischen 0 und 6 °C. Viele Gehölzarten gehören zu den Kaltkeimern, unter den Gemüsen der Lauch.

Geschenktipp
Für den Vorfrühling: Stellen Sie ein kleines Set zusammen, mit Samen für Gewürzkräuter auf der Fensterbank, einem kleinen Beutel mit Anzuchterde, Töpfchen und Schildchen für die Beschriftung.

Die Aussaat von Kaltkeimer-Stauden ist häufig nicht ganz einfach: Bei manchen Arten liegt der Samen über ein Jahr, ehe er keimt. Bei der Vermehrung von Kaltkeimer-Stauden gehen Sie so vor:

■ Säen Sie diese Arten im Spätherbst oder Winter in eine Anzuchtschale, gießen Sie sorgfältig, und bedecken Sie die Aussaat mit einer Plastikhaube.

■ Lassen Sie die Schale einige Tage im Zimmer stehen.

■ Stellen Sie die Gefäße an der schattigen Hauswand oder im Frühbeetkasten auf. Decken Sie mit Netz oder Drahtgeflecht als Schutz gegen Mäuse und andere Tiere ab.

■ Manche Arten (z. B. Adonisröschen, Bergenie, Silberkerze, Taglilie) werden nach einer sechs- bis achtwöchigen Kühlbehandlung ins Haus geholt und an einem hellen, nicht zu warmen Platz (15 bis 20 °C) aufgestellt. Nach der Keimung wird pikiert und weiter kultiviert. Robustere Vertreter (etwa Anemonen, Eisenhut, Küchenschelle, Primeln) können draußen bleiben. Sie keimen im Frühjahr, werden dann pikiert und später ausgepflanzt.

Eine besondere Form der Kältebehandlung ist bei vielen Gehölzsamen nötig oder jedenfalls zu empfehlen. Man ahmt dabei die Vorgänge in der Natur nach: Die Gehölzsamen fallen zu Boden, werden von Laubschichten zugedeckt und liegen so feucht, kühl und geschützt, ehe sie im Frühjahr auskeimen. Das entsprechende gärtnerische Verfahren, mit dem diese natürlichen Vorgänge nachgeahmt werden, nennt man

Geschenktipp

Stellen Sie Samen alter Färberpflanzen zusammen, wie Färberwaid (Isatis tinctoria – für Blautöne), Färberwau (Reseda luteola – für Gelbtöne), Färberröte (Rubia tinctorum – für Rottöne).

Beispiel für Stauden – Kaltkeimer

Adonisröschen (*Adonis vernalis*), Anemonen (*Anemone*), Bergenie (*Bergenia*), Christrose (*Helleborus niger*), Dreiblatt (*Trillium*), Eisenhut (*Aconitum*), Enzianarten (*Gentiana*), Frauenmantel (*Alchemilla*), Kaiserkrone (*Fritillaria imperaria*), Küchenschelle (*Pulsatilla*), Leberblümchen (*Hepatica nobilis*), Pfingstrose (*Paeonia*), Phlox (*Phlox*), Primeln (*Primula*), Ranunkel (*Ranunculus*), Schwertlilie (*Iris*), Silberdistel (*Carlina*), Silberkerze (*Cimicifuga*), Stachelnüsschen (*Acaena*), Steinbrech (*Saxifraga*), Taglilie (*Hemerocallis*), Troddelblume (*Soldanella*), Wiesenraute (*Thalictrum*), Winterling (*Eranthis hiemalis*), Wohlriechendes Veilchen (*Viola odorata*).

Stratifikation – Lagern der Samen in feuchtem und kühlem Substrat, um sie zum Keimen anzuregen. Stratifikation ist sowohl für Samen von Wild- und Gartengehölzen als auch für manche subtropische Kübelgehölze zu empfehlen, etwa Olive (*Olea*) und Kakipflaume (*Diospyros kaki*). Stratifiziert wird im Herbst:

■ Plastiktöpfe (mit Wasserabzugsloch am Boden) am Grund mit einer Drainageschicht aus grobem Sand bedecken.

■ Die Samen schichtweise in feuchten Sand einbringen oder Samen mit Sand vermischen und dann in Gefäße füllen.

■ Gefäße im Garten vergraben und mit Laub abdecken oder an der Hauswand aufstellen. Mit einem feinen Drahtgeflecht vor Vögeln, Mäusen und Eichhörnchen schützen.

■ Im Frühjahr aussäen.

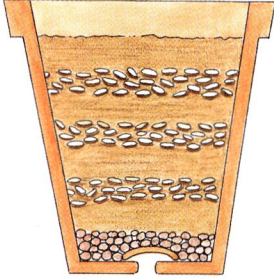

Beim Stratifizieren liegen über der Drainage abwechselnd Sand- und Samenschichten.

Lichtverhältnisse

Für die Samen der meisten Pflanzen sind die Lichtverhältnisse unerheblich – sie keimen sowohl bei Helligkeit als auch bei Dunkelheit. Bei verschiedenen Arten wird jedoch die Keimung gefördert, wenn die Samen dem Licht ausgesetzt sind bzw. wenn sie im Dunkeln liegen (siehe auch Seite 36). Die Samen der Lichtkeimer sollen nach der Aussaat entweder nur angedrückt oder ganz dünn mit Erde übersiebt werden. Die Samen von Dunkelkeimern bedeckt man mit einer etwas dickeren Erdschicht: etwa ein- bis zweimal so dick wie der Samen. Bei großer Helligkeit sollten zusätzlich die Aussaatgefäße mit einem Stück dunkler Folie abgedeckt werden.

Keimungsförderung

Ist die Samenschale sehr hart und wasserundurchlässig, etwa bei Palmen, Kaffee, Banane oder Bohnen, kann der Embryo nicht genügend Wasser aufnehmen und wird somit auch nicht ausreichend aktiviert. Insbesondere zwei einfache Verfahren können hier Abhilfe schaffen:
Vorquellen: Man schlägt die Samen in ein nasses Tuch ein und sät erst am nächsten oder übernächsten Tag aus.

Gehölze sind ausdauernde Pflanzen, die in ihren oberirdischen Teilen verholzt sind. Bäume haben einen Stamm und eine Krone aus Ästen und Zweigen. Sträucher sind vom Grund an verzweigt.

Licht- und Dunkelkeimer

▶ **Beispiele für Dunkelkeimer:**

Gemüse und Kräuter: Borretsch (*Borago*), Dill (*Anethum*), Kürbis (*Cucurbita*).

Zierpflanzen (Garten): Christrose (*Helleborus*), Enzian (*Gentiana*), Lupine (*Lupinus*), Rittersporn (*Delphinium*), Schleierkraut (*Gypsophila*), Stiefmütterchen (*Viola wittrockiana*), Vergissmeinnicht (*Myosotis*).

▶ **Beispiele für Lichtkeimer:**

Gemüse und Kräuter: Baldrian (*Valeriana*), Basilikum (*Ocimum*), Endiviensalat (*Cichorium*), Kamille (*Matricaria*), Kopfsalat (*Lactuca*), Salbei (*Salvia*), Sellerie (*Apium*), Thymian (*Thymus*), Ysop (*Hyssopus*).

Zierpflanzen (Garten): Alant (*Inula*), Fingerhut (*Digitalis*), Fleißiges Lieschen (*Impatiens walleriana*), Gartengloxinie (*Incarvillea*), Glockenblumen (*Campanula*), Kokardenblume (*Gaillardia*), Königskerze (*Verbascum*), Lichtnelke (*Lychnis*), Nelken (*Dianthus*), Nelkenwurz (*Geum*), Prachtscharte (*Liatris*), Sonnenhut (*Rudbeckia*).

Anritzen: Große Samen kann man mit einer Feile bearbeiten. Kleinere Samen vermischt man mit Sand, legt die Mischung auf ein Brettchen, legt ein zweites Brettchen darüber und führt mit der Hand kreisende Bewegungen aus. Auch Samen, die sehr lange für ihre Keimung brauchen, kann man so vorbehandeln und damit eine raschere Keimung ermöglichen.

Vermehrungskrankheiten verhindern

Die meisten Beizmittel für die Samenbehandlung sind heutzutage verboten. Zugelassene Mittel, die von den Saatbetrieben verwendet wurden, müssen auf den Packungen angegeben werden.

Früher wurden Samen häufig mit quecksilberhaltigen Beizmitteln behandelt, um anhaftende Krankheitserreger, insbesondere Pilzsporen, abzutöten und so Krankheiten zu verhindern. Heute erwirbt man in der Regel unbehandelten Samen. Manche Saatbetriebe verwenden für ihre Samen Kräuterbäder, etwa aus Kamille, Eichenrinde oder Baldrian. Im Fachhandel erhalten Sie Schachtelhalmextrakt zur Herstellung von Lösungen. Mit einer solchen Lösung können Sie Anzuchterde und Samen überbrausen und so vorbeugen.

Anzucht auf der Fensterbank

Beim Anblick all der Samen juckt es Sie wahrscheinlich in den Fingern, und Sie wollen sich ans Aussäen machen. Wie im vorigen Abschnitt erläutert, müssen aber bestimmte Bedingungen erfüllt sein, damit es zur Keimung kommt. Die inneren Bedingungen im Samen sind Keimfähigkeit und Keimwilligkeit, die äußeren Feuchtigkeit, Sauerstoff und ein bestimmter Temperaturbereich. Dies führt zu der Frage nach Aussaatzeiten und Aussaatorten.

Man kann in Gefäße – Töpfe, Schalen, Kisten – säen und ins Freiland. Zu diesen beiden grundsätzlichen Möglichkeiten gibt es Varianten, je nachdem, ob nur eine Fensterbank oder zusätzlich ein Frühbeet oder gar ein Gewächshaus zur Verfügung stehen. Es leuchtet ein, dass bei Zimmeraussaat ebenso wie bei Aussaat im geheizten Gewächshaus der Termin eine geringere Rolle spielt als bei Aussaat ins Frühbeet, ins ungeheizte Gewächshaus oder gar ins Freiland.

Bei Zimmeraussaat sollten Sie daran denken, dass für die Jungpflänzchen genügend Licht zur Verfügung stehen muss, was ab Februar im Allgemeinen der Fall ist. Wenn Sie unbedingt in der dunklen Zeit des Jahres vermehren wollen, kann eine zusätzliche Beleuchtung hilfreich sein. Beachten Sie hinsichtlich Aussaatort und -zeitpunkt die Hinweise auf den Samenpackungen!

Wenn man im temperierten Zimmer Pflanzen anziehen möchte, ist man von der Jahreszeit relativ unabhängig. Achten Sie aber unbedingt darauf, dass die jungen Pflanzen genügend Licht bekommen.

Aussaat in Anzuchtschalen (mit späterem Pikieren)

Empfindliche und wärmebedürftige Pflanzen können nicht direkt ins Freiland gesät werden, sondern brauchen eine Vorkultur. Geeignet sind Ost- und Westfenster. Alle verwendeten Gefäße brauchen Löcher für einen guten Wasserabzug.

■ Auf den Boden der Anzuchtschale eine Drainageschicht aufbringen (Kies, Tongranulat, Tonscherben).

■ Anzuchtschale mit steriler Anzuchterde bis knapp unter den Rand füllen. Kurz aufstoßen, Substrat glätten und an den Rändern etwas andrücken.

■ Samen dünn und gleichmäßig aussäen. Um das einzelne Samenkorn herum sollte – je nach Samengröße – einige Millimeter bzw. Zentimeter Platz sein. Man sät mit einem Löffel, mit Hilfe eines gefalteten Kartons, mit (sauberem) Daumen und Zeigefinger oder – bei etwas Übung – direkt aus der Tüte.

■ Mit einem Brettchen, hilfsweise auch mit dem Löffelrücken oder der Hand die Aussaat leicht andrücken.

■ Lichtkeimersamen nicht oder höchstens ganz dünn mit Erde übersieben. Sonstige Samen werden mit einer einen halben bis einen Zentimeter dicken Schicht gesiebter Erde zugedeckt.

■ Mit einer feinen Brause oder der Sprühflasche vorsichtig, aber gründlich anfeuchten.

■ Etikett anbringen: Art- und Sortenangabe sowie Aussaattermin.

■ Mit Glas, Plastikhaube oder transparenter Plastikfolie abdecken, damit der Verdunstungsverlust beschränkt wird. Damit ein Luftaustausch möglich ist, werden Glas oder Plastikhaube an den Rändern auf Hölzchen gestellt, in Folien schneidet man am Rand Schlitze.

■ Schale hell und warm stellen (aber nicht in die pralle Sonne). Im Allgemeinen sind 18 bis 22 °C richtig. Manche Pflanzen – etwa Gurken, Melonen, Paprika und viele Tropenpflanzen – brauchen es noch wärmer –, für sie kann ein Zimmergewächshaus mit Bodenheizung nützlich sein.

■ Sobald die Keimung eingesetzt hat und sich die jungen Pflänzchen zeigen, Abdeckung zeitweise zum Lüften entfernen, damit Pilzinfektionen vermieden werden. Allmählich abhärten, d. h. Abdeckung für immer längere Zeiträume und schließlich ganz entfernen.

■ Je nach Pflanzenart muss nun eventuell ein kühlerer (beispielsweise Salat, Kohlrabi) oder ein sonniger, warmer Platz (viele Kräuter) gewählt werden.

Damit sich die Sämlinge zu kräftigen Pflanzen entwickeln, müssen sie hell und nicht zu warm stehen. Bei Lichtmangel »vergeilen« die Jungpflanzen: Sie entwickeln dünne, lange und schwache Triebe.

Aussaat in Einzeltöpfen (ohne Pikieren)

Wenn Sie nur wenige Pflanzen anziehen wollen, säen Sie am besten in Einzeltöpfen aus und ersparen damit den Pflanzen ein späteres Pikieren. Die Pflanzen können so ungestört ihren Wurzelballen entwickeln.

① *In die mit Substrat gefüllte Anzuchtschale die Samen dünn und gleichmäßig aussäen.*

② *Die Samen durch leichtes und vorsichtiges Andrücken im Substrat fixieren.*

③ *Die Samen, sofern es sich nicht um Lichtkeimer handelt, mit etwas Erde übersieben.*

④ *Das Ganze gründlich befeuchten und anschließend mit einer Haube vor Verdunstung schützen.*

Wenn Sie dafür Papier-Recyclingtöpfe wählen, können die Pflanzen später samt Töpfen, die man vorher aufreißt, ausgepflanzt werden, da sie in der Erde ohne schädliche Rückstände abgebaut werden. Günstig sind auch Multitopfplatten: Auf ihnen befinden sich nebeneinander mehrere Einzeltöpfchen, in denen die jungen Pflanzen bis zur Auspflanzung ins Beet oder in einen größeren Topf bleiben.

Weitere Gefäße für die Aussaat sind Plastiktöpfe, Joghurtbecher, Torftöpfchen, Eierkartons. Denken Sie daran, dass die Töpfe am Boden Löcher haben müssen, damit das Wasser abfließen kann.

■ Halten Sie sich bei der Aussaat an den oben geschilderten Ablauf.

■ In die Töpfchen geben Sie entsprechend weniger Samen: zwei bis drei große Körner oder mehrere kleine Samen.

■ Sobald nach der Keimung die Pflänzchen heranzuwachsen beginnen, ziehen Sie die schwächeren heraus und lassen die kräftigste Pflanze stehen.

Die Keimblätter sind bereits beim Embryo der Samenpflanzen angelegt und dienen als Nährstoffspeicher. Die später erscheinenden Laubblätter sind meist komplizierter gebaut und haben umfassendere Funktionen.

■ Bei nährstoffarmem Substrat muss eventuell nach einigen Wochen nachgedüngt werden. Es dauert ja noch einige Zeit, bis die Pflanzen ins Freiland oder in Töpfe ausgepflanzt werden.

Pikieren

Man versteht darunter ein Umsetzen der Sämlinge, um ihnen genügend Platz – Nahrung, Licht, Luft – für ihre weitere Entwicklung zu geben und die Neubildung von Feinwurzeln zu fördern. Der richtige Zeitpunkt für das Pikieren ist gekommen, wenn nach den Keimblättern die beiden ersten Laubblattpaare erschienen sind. Verwenden Sie nährstoffarme Anzuchterde oder die etwas nährstoffreichere Pikiererde. Ist das Substrat zu nährstoffreich, entwickeln sich die Wurzeln nur ungenügend. Auf jeden Fall sollte die Erde steril sein. Bei manchen Pflanzen – etwa bei Tomaten, Gurken, Petunien, Begonien oder dem Fleißigen Lieschen – sollte mehrmals pikiert werden, ehe die Pflanzen an ihren endgültigen Standort gesetzt werden.

■ Töpfe (meist sechs bis zehn Zentimeter Durchmesser) oder Topfplatten mit dem Substrat füllen (Drainageschicht am Boden), Oberfläche glätten.

Die Wurzeln der pikierten Sämlinge dürfen nicht beschädigt werden. Die Keimblätter stehen etwas über der Erdoberfläche.

■ Mit Hilfe eines Pikierstabs oder eines Löffelstiels die Pflänzchen vorsichtig aus ihrem alten Quartier herausheben. Fassen Sie sie dabei vorsichtig an den Keimblättern an.

■ Mit Pikierstab oder Löffelstiel ein dem Sämling entsprechendes Loch in das Substrat bohren und den Sämling hineinsetzen. Die Wurzeln müssen genügend Platz haben und dürfen nicht geknickt oder nach oben geklappt werden. Lange Wurzeln etwas einkürzen.

■ Pflanze so einsetzen, dass die Keimblätter ein bis zwei Zentimeter über der Erdoberfläche stehen.

■ Pflanze sacht andrücken.

■ Mit feiner Brause gründlich wässern.

■ An hellem, nicht direkt besonntem, zugfreiem, mäßig warmem (etwa 20 °C) Platz aufstellen.

Topfen oder Auspflanzen ins Freiland

Die kräftig herangewachsenen Pflanzen werden in größere Töpfe mit Pflanzerde für Fensterbank, Balkon oder Terrasse gesetzt. Die Topfgröße richtet sich nach der Ballengröße. Der Topf sollte jedoch nicht

Geschenktipp

Stellen Sie als Geschenk Samen von verschiedenen blauen Blumen zusammen, beispielsweise Blaues Gänseblümchen, Jakobsleiter, Nachtviole und Männertreu.

Pflanzgefäße aus Terrakotta oder Holz sehen schön aus und sind im Gegensatz zu Plastikgefäßen wasser- und luftdurchlässig. Vorsicht: Nicht alle Terrakottagefäße sind frosthart.

zu groß gewählt werden, sein Durchmesser sollte nur um etwa zwei bis vier Zentimeter größer sein als der des vorherigen Topfes. Wässern Sie vor dem Eintopfen die Pflanze sehr gründlich, damit der Wurzelballen beim Herausnehmen nicht auseinander fällt und Wurzeln brechen. Füllen Sie dann als Drainage Kies auf den Boden des Topfes und darüber etwas Erde. Setzen Sie die Pflanze so darauf, dass sich die Oberkante des Wurzelballens ein wenig unterhalb des Topfrandes befindet. Füllen Sie nun rundherum mit Erde auf, und drücken Sie die Erde sacht an. Unter der Topfoberkante sollte ein Gießrand von einem bis zwei Zentimetern bestehen bleiben. Denken Sie abschließend auf jeden Fall daran, die Pflanze gut zu wässern.

Im Freiland müssen Sie darauf achten, dass Sie genügend Platz für die ausgewachsene Pflanze vorsehen. Jungpflanzen zu eng zu setzen ist ein Fehler, der immer wieder gemacht wird. Bohren Sie mit der Schaufel oder dem Pflanzholz ein Loch in den Boden, geben Sie eventuell etwas fein gesiebten, reifen Kompost, Steinmehl oder Hornspäne hinein, setzen Sie die Pflanze hinein, füllen Sie rundum mit Erde auf, und drücken Sie sanft fest. Pflanzen Sie nach Möglichkeit nicht an heißen Tagen aus, sondern lieber, wenn es kühl und feucht ist.

Vorsichtig, aber gründlich angießen.

Zimmer- und Kübelpflanzen aussäen

▶ Die meisten dieser Arten können während des ganzen Jahres problemlos auf der Fensterbank ausgesät werden.

▶ Beispiele: Alpenveilchen (*Cyclamen persicum*), Buntnessel (*Coleus*), Eierbaum (*Solanum melongena*, Aussaat Januar bis Juni), Engelstrompete (*Datura*), Feigenkaktus (*Opuntia*), Fleißiges Lieschen (*Impatiens walleriana*, Aussaat Februar bis Mai), Gerbera (*Gerbera*), Gewürzrinde (*Cassia didymobotrya*), Greisenhaupt (*Cephalocereus senilis*), Kranzschlinge (*Stephanotis*, Aussaat ab Februar), Kugelkaktus (*Echinocactus*), Madagaskarpalme (*Pachypodium lamieri*), Paradiesvogelblume (*Strelitzia reginae*), Passionsblume (*Passiflora caerulea*), Schönmalve (*Abutilon*), Spaltblume (*Schizanthus wisetonensis*), Wunderbaum (*Ricinus*), Zierpaprika (*Capsicum annuum*), Zwergbanane (*Ensete ventricosum*), Zwergpalme (*Chamaerops humilis*), Zypergras (*Cyperus alternifolius*).

Stauden aussäen

▶ Viele Stauden brauchen eine Kältebehandlung (siehe Seite 34f.). Es gibt allerdings auch Arten, die ohne Kältebehandlung im Frühjahr im Haus, etliche ab Mai auch im Freiland, ausgesät werden können.

▶ Beispiele für Stauden, die auf der Fensterbank ausgesät werden können: Akelei (*Aquilegia*), Blaukissen (*Aubrieta*), Brennende Liebe (*Lychnis chalcedonica*), Federmohn (*Macleaya*), Felberich (*Lysimachia*), Glockenblume (*Campanula*), Mädchenauge (*Coreopsis*), Nachtviole (*Hesperis*), Prachtscharte (*Liatris*), Segge (*Carex*), Storchschnabel (*Geranium*).

Viele Sommerblumen brauchen eine Vorkultur im Zimmer, Frühbeet oder Gewächshaus, andere können problemlos an Ort und Stelle ins Freiland gesät werden. Sommerblumen sind einjährig. Einjährige Pflanzen sind Arten, die innerhalb eines Jahres keimen, wachsen, blühen, fruchten und absterben.

Samen für viele verschiedene Sommerblumen erhalten Sie im Fachhandel und ab Januar sogar in Lebensmittelmärkten. Auch Blumenmischungen sind erhältlich. In der Tabelle auf der folgenden Seite sind Sommerblumen aufgeführt, die durch Samen vermehrt werden.

Im Garten sind neben Sommerblumen auch viele Gemüsepflanzen und Kräuterarten einjährig.

Die Dahlie ist eine Gartenzierstaude, die über Samen, Knollenteilung oder Kopfstecklinge vermehrbar ist.

43

Sommerblumen aussäen

Im Folgenden finden Sie einige Arten, für die Sie ab Februar bis März eine Vorkultur anlegen können. Die Aussaat erfolgt wie beschrieben, dann wird ein- bis zweimal pikiert und im Mai ausgepflanzt.

Bei der Freilandaussaat sollte man nicht ungeduldig sein und zu früh im Jahr damit beginnen. Erst wenn keine Nachtfröste oder Kälteeinbrüche mehr zu erwarten sind, macht die Aussaat wirklich Sinn.

Pflanze	Aussaatzeit
Bartfaden (*Penstemon-Hybriden*)	März bis April
Blaues Gänseblümchen (*Brachycome iberidifolia*)	März bis April
Duftsteinrich (*Lobularia maritima*)	ab März, Freilandaussaat im Mai und im Herbst
Fuchsschwanz (*Amaranthus caudatus*)	März bis Mai, Freilandaussaat ab Mai
Gartennelke (*Dianthus caryophyllus*)	Februar bis März
Glockenrebe (*Cobea scandens*)	März bis April
Hahnenkamm (*Celosia argentea*)	März bis April
Levkoje (*Matthiola incana*)	März bis April
Löwenmaul (*Anthirrhinum majus*)	Februar bis April
Männertreu (*Lobelia*)	Februar bis März
Mittagsgold (*Gazania*)	Februar bis April
Papierknöpfchen (*Ammobium alatum*)	März bis April, Freilandaussaat ab Mai
Petunie (*Petunia*)	Januar bis Februar
Schmuckkörbchen (*Cosmos bipinnatus*)	März bis Mai, Freilandaussaat ab Mai
Schönranke (*Eccremocarpus scaber*)	Februar bis März
Schwarzäugige Susanne (*Thunbergia alata*)	März bis April
Spinnenpflanze (*Cleome spinosa*)	März bis April
Studentenblume (*Tagetes*)	Februar bis April
Zinnie (*Zinnia elegans*)	März bis April

Aussaat ins Freiland

Viele Gartenpflanzen kann man direkt im Freien – im Beet oder im Gefäß – ohne Vorkultur (in Zimmer, Frühbeet oder Gewächshaus) heranziehen. Die Zeit für die Frühjahrsaussaat beginnt für einige Arten schon im März, die meisten sät man zwischen Anfang und Ende Mai. Bei Freilandaussaat gilt grundsätzlich: lieber etwas später als zu früh säen. Kälteeinbrüche können die jungen Pflänzchen schädigen oder umbringen, während eine spätere Aussaat in der Regel durch rascheres Wachstum ausgeglichen wird. Manche Pflanzen werden im Sommer oder Herbst gesät. Auf den Samentüten ist meist die günstigste Aussaatzeit angegeben.

Vorbereitung des Saatbeets

Der spätere Erfolg hängt stark von der gründlichen Vorbereitung des Saatbeets ab. Es sollte möglichst windgeschützt liegen und besonnt sein. Günstig ist humusreicher Boden. Schwere, lehmige Böden, von denen das Wasser nur schwer abfließt, können Sie bereits im Herbst vorbereiten, indem Sie sie mit Sand oder Kompost versetzen. Vor der Aussaat im Frühjahr sollte der Boden dann nicht mehr umgegraben, sondern nur noch oberflächlich gelockert werden, um Bodenleben und Kapillarsystem, das für Befeuchtung der Oberfläche von unten sorgt, nicht zu stören. Man kann noch Reifekompost oder etwas organischen Dünger (etwa Hornspäne) einarbeiten. Denken Sie aber daran, dass der Nährstoffbedarf der Jungpflanzen zunächst noch gering ist und erst später zunimmt, wenn sie größer werden. Die Beetoberfläche wird mit dem Rechen geglättet.

Man unterscheidet Breitwurfsaat und Reihensaat. Im Garten ist die Reihensaat oftmals günstiger, da die Pflanzen mehr Luft, Licht und Nahrung erhalten und leichter zu pflegen sind. Während bei Breitwurfsaat – wie die Bezeichnung schon andeutet – die Samen über die dafür vorgesehene Fläche verteilt werden, legt man sie bei der Reihensaat in parallel zueinander gezogenen Rillen aus.

Geschenktipp
Für das Frühjahr:
Stellen Sie Samen von Bauerngartenblumen wie Stockrose, Goldlack, Levkoje, Duftwicke, Jungfer im Grünen, Löwenmaul und Zinnie zusammen.

Der Reihenabstand hängt von der der Art der Aussaat ab: bei Radieschen und Schnittsalat etwa 10 bis 15 Zentimeter, bei Kopf- und Endiviensalat, Möhren und Rettich etwa 25 Zentimeter. Angaben finden Sie auf den Samentüten. Ziehen Sie Ihre Rillen entlang einer gespannten Schnur mit dem Rechenstiel. Eine Saatrillentiefe von zwei bis drei Zentimetern, bei größeren Samen von drei bis fünf Zentimetern, ist meist richtig. Zu tief liegende Samen können faulen.

> **Man unterscheidet Reihen-, Horst- und Breitwurfsaat. Bei der Horstsaat werden jeweils mehrere Samen zusammen ausgelegt.**

Aussaat

■ Säen Sie erst, wenn der Boden etwas abgetrocknet (aber nicht ausgetrocknet) ist.

■ Die Samen sollten nicht zu dicht liegen. Verwenden Sie gegebenenfalls Aussaathilfen (siehe unten).

■ Stratifizierte Samen (siehe Seite 34f.) können gemeinsam mit dem Stratifizierungssand ausgesät werden.

■ Samen mit Erde bedecken – Lichtkeimer nur mit einer ganz dünnen Schicht –, mit der Rückseite des Rechens fixieren.

■ Bei Verwendung von Pillensaat oder Saatband wird zweimal gegossen: vor und nach dem Zudecken.

■ Eventuell ein Netz über die Aussaatfläche spannen zum Schutz der Samen vor Vögeln und anderen Tieren.

■ Die Aussaaten stets feucht halten.

Schwierig beim Aussäen ist es manchmal, die Samen – zumal die kleinen – im richtigen Abstand zu setzen. Doch für dieses Problem gibt es verschiedene Aussaathilfen: Sehr feine Samen sind beispielsweise leichter handhabbar, wenn man sie mit trockenem Sand vermischt. Möglich ist auch das Verwenden einer Särolle, die jeweils nur ein Samenkorn freigibt, die Nutzung eines Saatbandes oder pillierter Samen (alle erhältlich im Fachhandel). Bei Samen, die einige Zeit benötigen, bis sie aufgehen (z. B. Petersilie und Schwarzwurzel), hat sich ein anderer Trick bewährt: Mischen Sie hier schnell keimende Samen (z. B. Schnittsalat) zu. So sehen Sie, wo Ihre Saatreihen verlaufen, und Sie können jederzeit geeignete Pflegemaßnahmen durchführen wie hacken, jäten und gießen.

① Mit dem Rücken des Rechens zuerst die Oberfläche des Beetes glatt streichen und von groben Erdklumpen befreien.

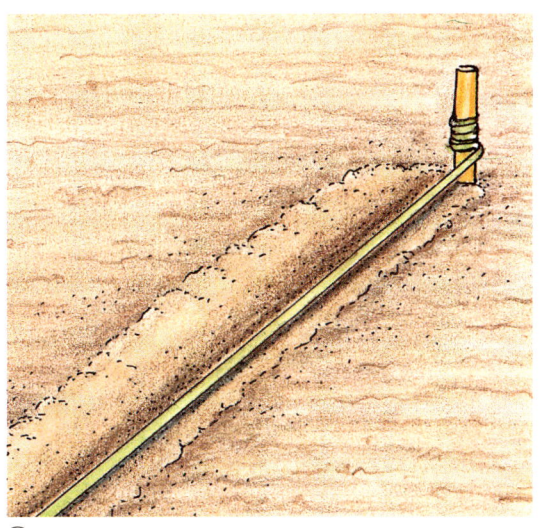

② Bei Reihensaat: Mit dem Stiel des Rechens entlang einer zwischen zwei Pflöcken gespannten Schnur eine Saatrille anlegen.

③ Den in die Saatreihen ausgelegten Samen mit Erde bedecken (Ausnahme: Lichtkeimer) und die Erde mit der Rückseite des Rechens fixieren.

④ Die Saatreihen anschließend mit der Gießkanne gut angießen und stets feucht halten, regelmässig hacken und jäten.

Vereinzeln (Ausdünnen)

Meist wurde trotz allem zu dicht gesät, und daher muss nach dem Aufgehen vereinzelt werden. Das ist aber nicht weiter tragisch, denn vor einer Aussaat mit zu großen Abständen muss eher gewarnt werden, da nicht alle Samen aufgehen und die Saat dann zu dürftig werden kann. Vereinzeln Sie, sobald die Sämlinge einige Zentimeter groß sind. Ziehen Sie die überzähligen Pflänzchen heraus, und lassen Sie nur die kräftigsten stehen.

Aussaatpflege

Der Boden, auf dem die Jungpflanzen heranwachsen, darf nicht zu nass sein, da sich sonst Fäulnis oder Pilzkrankheiten einstellen können. Er darf aber auch nicht austrocknen, da die Pflanzen sonst an Wassermangel eingehen können. Erde, die zum Verschlämmen und Verkrusten neigt, muss immer einmal wieder vorsichtig gelockert werden. Eine Folie über die Saat zu spannen kann doppelt sinnvoll sein: Zum einen hilft die Folie, die Feuchtigkeit im Boden zu halten, zum anderen schützt sie die Saat vor Tieren, insbesondere vor Vögeln.

Düngen ist zunächst nicht erforderlich – nur wenn man sehr nährstoffarme Aussaaterde verwendet hat, sind die Jungpflanzen für eine Düngergabe dankbar. Verwenden Sie gegebenenfalls organischen Dünger, da dieser langsamer abgebaut wird und somit den Pflanzen nach und nach zur Verfügung steht.

Majoran, der beispielsweise Kartoffelgerichten erst die richtige Würze gibt, kann ab Mai problemlos direkt ins Freiland gesät werden.

Pflanzen für die Aussaat ins Freiland

Viele Sommerblumen können direkt ins Freiland gesät werden. Man sät sie in der Regel breitwürfig und dünnt die Jungpflanzen später aus. Aussaatzeit für die meisten Sommerblumen ist das Frühjahr und der frühe Sommer, wie die nebenstehende Tabelle zeigt.

Auch zahlreiche Kräuter (z. B. Basilikum, Gartenkresse, Kapuzinerkresse, Majoran, Petersilie, Rauke) und Gemüsesorten (z. B. Bohnen, Erbsen, Möhren, Radieschen, Rettich, Schnittsalat) lassen sich gut im

Freien heranziehen. Hier sät man im Allgemeinen in Reihen und dünnt später ebenfalls aus. Eine besondere Aussaatzeit ist dabei für den Feldsalat zu beachten: von August bis September. Für Spinat ist nicht nur Frühjahrs-, sondern auch Herbstaussaat möglich. Verschiedene ein- und zweijährige Pflanzen und Stauden können bereits im Herbst ins Freiland gesät werden.

Der farbenprächtige Goldmohn wird wegen seiner beruhigenden Wirkung auch Schlafmützchen genannt.

Sommerblumen aussäen

Pflanze	Aussaatzeit
Bechermalve (*Lavatera trimestris*)	ab April
Edelwicke (*Lathyrus odoratus*)	ab Anfang April
Goldmohn (*Eschscholzia californica*)	ab März und Herbst
Jungfer im Grünen (*Nigella damascena*)	März bis Juni
Kapkörbchen (*Dimorphoteca pluvialis*)	Mai
Kokardenblume (*Gaillardia pulchella*)	ab Mai
Kornblume (*Centaurea cyanus*)	Mai oder Herbst
Mondviole (*Lunaria annua*)	März bis Juni
Ringelblume (*Calendula officinalis*)	April bis Juni und Herbst
Roter Lein (*Linum grandiflorum*)	April bis Mai
Schleierkraut (*Gypsophila elegans*)	ab April
Schleifenblume (*Iberis umbellata*)	März bis Mai
Sommeradonis (*Adonis aestivalis*)	April
Sommeraster (*Callistephus chinensis*)	ab Mai
Sommer-Rittersporn (*Delphinium ajacis*)	März bis April und Herbst
Sonnenblume (*Helianthus annuus*)	ab Ende April
Wucherblume (*Chrysanthemum*)	April bis Juni
Zierkohl (*Brassica oleracea*)	April bis Juni

Zweijährige Pflanzen sind Pflanzenarten, die im zweiten Lebensjahr blühen, fruchten und dann absterben. Im Garten gehören dazu verschiedene Blumen, Gewürzkräuter und Gemüsearten.

Übersieben Sie die Aussaat mit Erde, und drücken Sie sie sorgfältig an. In kalten Wintern sollten Sie die Saatfläche zum Schutz mit Reisig abdecken. Achten Sie ab dem frühen Frühjahr dann darauf, dass die Saatfläche nie austrocknet. Für die Herbstaussaat geeignet sind beispielsweise Clarkie (*Clarkia unguiculata*), Enzian (*Gentiana*), Klatschmohn (*Papaver rhoeas*), Kornblume (*Centaurea*), Sommeradonis (*Adonis aestivalis*) und Steppenkerze (*Eremurus*).

Ebenso für die Aussaat ins Freiland geeignet sind bestimmte Zweijahresblumen. Diese Bezeichnung deutet auf den Lebensrhythmus der Pflanze hin. Sie wachsen im Herbst heran, blühen und fruchten im darauf folgenden Jahr und sterben dann ab.

Die Zweijährigen werden meist erst im Sommer ins Freiland oder in Kisten, Schalen, Töpfe – dann muss pikiert werden – gesät. Wegen der fortgeschrittenen Jahreszeit muss man genügend schattieren. Ausgepflanzt wird im Herbst oder im Frühjahr. Im Winter sollte man die Aussaaten durch Deckreiser schützen.

Zweijahresblumen aussäen

Pflanze	Aussaatzeit
Bartnelke (*Dianthus barbatus*)	April bis Juli
Fingerhut (*Digitalis purpurea*)	April bis Juli und Herbstaussaat
Gartennelke (*Dianthus caryophyllus*)	April bis Mai
Goldlack (*Cheiranthus cheiri*)	Mai bis Juni
Islandmohn (*Papaver nudicaule*)	Ende Juni bis Anfang Juli
Marienglockenblume (*Campanula medium*)	Mai bis Juli
Maßliebchen (*Bellis*)	Ende Juni bis Anfang Juli
Stiefmütterchen (*Viola wittrockiana*)	Juni bis August
Stockrose (*Alcea rosea*)	April bis Anfang Juli
Vergissmeinnicht (*Myosotis*)	Ende Juni bis Anfang Juli

EXTRA

Exotische Pflanzen aus Früchten ziehen

Gerade auch für Kinder kann es reizvoll sein, aus gekauften subtropischen und tropischen Früchten Samen zu gewinnen und auf der Fensterbank Pflänzchen zu ziehen. Die beste Zeit dafür ist das Frühjahr, es geht aber auch zu anderen Jahreszeiten.

Allerdings sollte man von vornherein mit Misserfolgen rechnen. Die aus tropischen und subtropischen Gegenden stammenden Pflanzen brauchen meist eine hohe Bodentemperatur, damit sie keimen. Ein heizbares Zimmergewächshaus kann hier gute Dienste leisten. Auf jeden Fall brauchen Sie viel Geduld – meist vergehen nämlich mehrere Wochen, ehe sich etwas tut. Man sieht es den Früchten nicht an, ob sie chemisch behandelt wurden, um eine längere Haltbarkeit zu erzielen. Bevorzugen Sie daher Obst aus biologischem Anbau (Reformhäuser und gute Naturkostläden). Auch kleinere Lebensmittelläden haben bereits exotische Früchte wie Ananas und Avocado im täglichen Angebot. Etwas ausgefallenere Arten erhalten Sie in Obstgeschäften und Lebensmittelmärkten. Die Früchte dürfen keinen Frost abbekommen haben. Sie sollen reif, aber nicht überreif sein; ein Nachreifen ist meist auch in der häuslichen Küche möglich.

Wie schon erwähnt, müssen die Samen sorgfältig von anhängendem Fruchtfleisch gereinigt und abgewaschen werden und sollen trocken sein, ehe man sie setzt. Große Samen (Mango, Litschi) pflanzt man gleich in Einzeltöpfe, kleine Samen (Maracuja, Granatapfel, Zitrone, Papaya) sät man in Anzuchtschalen und pikiert später.

Geschenktipp
Kaufen Sie exotische Früchte und eine dazu passende Schale. Schreiben Sie zu jeder Frucht ein Kärtchen mit dem Namen der Pflanze und Anzuchthinweisen.

Ananas (Ananas comosus)

Die Ananas ist in Brasilien beheimatet. Spanier und Portugiesen stießen bei der Eroberung Südamerikas auf die Pflanze und bauten sie bereits im 16. Jahrhundert in ihren Kolonien in Asien und Afrika an. Heutzutage wird die Ananas weltweit in den Tropen angepflanzt und geerntet.

Die Rosettenpflanze hat harte, lange, am Rand gesägte Blätter, die viel Wasser speichern können. An einer Achse sind zahlreiche weiße Blüten angeordnet. Aus dem gesamten Blütenstand entwickelt sich die große Frucht, die viele Vitamine, Mineralstoffe, Spurenelemente und das Enzym Bromelain enthält: Es hilft bei der Eiweißverdauung und wirkt u. a. blutdrucksenkend und entzündungshemmend.

Wenn Sie aus einer Frucht ein Ananaspflänzchen ziehen möchten, achten Sie beim Einkauf darauf, dass der Blattschopf grün und frisch und nicht vertrocknet ist. Folgendermaßen können Sie dann vorgehen:

■ Den Blattschopf mit etwa drei Zentimeter Fruchtfleisch abschneiden und einige Tage lang trocknen lassen.

■ Dann das Fruchtfleisch bis auf das holzige Innere sowie die unteren Blätter sorgfältig entfernen.

■ Den Blattschopf mit dem anhängenden Holzstück in einen Topf mit sandiger Erde setzen. Bodentemperatur: 25 bis 30 °C.

Die Bewurzelung erfolgt leider recht unzuverlässig, aber warum nicht versuchen? Das beschriebene Verfahren können Sie auch variieren:

■ Den Blattschopf aus der Frucht herausdrehen, sorgfältig das Fruchtfleisch entfernen.

■ Den Schopf in ein Glas Wasser setzen, in das zuvor ein Holzkohlestückchen geworfen wurde. Nur der unterste Teil des Schopfes soll ins Wasser tauchen. Der im Warmen (25 °C) aufgestellte Blattschopf treibt Wurzeln.

■ Wenn die Wurzeln einige Zentimeter lang sind, wird eingetopft. Zum Weiterwachsen braucht die Pflanze eine Bodentemperatur von 25 bis 30 °C.

Das hier beschriebene Verfahren zur Anzucht einer jungen Ananaspflanze basiert nicht auf der Vermehrung mittels Samen, sondern auf der Vermehrung mit Hilfe eines Blattstecklings (siehe Seite 79f.).

Avocadobirne (Persea americana)

Avocadobirnen sind heute in fast jedem Lebensmittelladen das ganze Jahr über erhältlich. Die Frucht ist eine Beere mit einem harten, braunen, eiförmigen Samen und bei der Reife weichem, gelblichem Fruchtfleisch. Beim Einkauf sollten die Früchte noch hart sein, da sie im Zimmer rasch nachreifen. Sie sind verzehrreif, wenn das Fruchtfleisch auf Druck nachgibt.

Avocados enthalten viel Fett (vor allem mehrfach ungesättigte Fettsäuren) und viele Mineralstoffe. Zum Verzehr schneidet man die Frucht der Länge nach auf und löst den Kern heraus. Das Fruchtfleisch kann man mit einem Löffel herauslösen und sofort essen oder mit Zitronensaft beträufeln und weiterverarbeiten.

Ein Avocadopflänzchen kann man auf folgende Weise heranziehen:

■ Kern in warmem Wasser waschen und mit der Spitze nach oben so in einem mit Wasser gefüllten Glas befestigen, dass nur die unterste Stelle des Kerns im Wasser liegt. Dafür drei Zahnstocher von der Seite her in den Kern stecken (nicht tief!) und am Glasrand auflegen.

■ Das Gefäß an einen möglichst warmen Platz stellen, jedoch nicht in die pralle Sonne. Im Laufe der Zeit das verdunstete Wasser regelmäßig ersetzen.

■ Nach mehreren Wochen spaltet sich der Kern am oberen Ende, und die Keimwurzel erscheint.

■ Wenn die Wurzel etwas herangewachsen ist, das Pflänzchen in einen Topf setzen.

Eine alternative Methode zur Anzucht: Man kann den gewaschenen Kern auch in feuchte Anzuchterde stecken, so dass er noch zu einem Teil herausschaut.

Die Indianer kultivierten bereits die Avocadopflanze, als die Spanier die Gegenden Zentralamerikas eroberten. Heute wird die Pflanze weltweit in den Tropen und Subtropen angebaut.

Den Samen einer Avocadobirne bringt man auf einem Wasserglas zum Vorkeimen.

53

Dattelpalme (Phoenix dactylifera)

Die bis zu 30 Meter hohen unverzweigten Dattelpalmen tragen einen Schopf fiedriger Blätter. Die weiblichen Bäume dieser zweihäusigen Pflanze bilden Blütenstände mit unscheinbaren Blüten, aus denen sich nach der Befruchtung längliche, gelbe oder bräunliche Beeren mit einem lang gestreckten, großen Kern entwickeln.

Frische Datteln, wie Sie sie auch für die Vermehrung der Pflanze benötigen, erhalten Sie in Fruchthäusern, Naturkostläden und in den Obstabteilungen von großen Supermärkten. Die Früchte enthalten viel Zucker, Vitamine der B-Gruppe, Calcium, und bei den Beduinen gelten sie als Einschlafhilfe. Der Kern löst sich ziemlich leicht aus dem sehr süßen, rötlich braunen Fruchtfleisch.

Aus Dattelsamen können Sie Pflänzchen anziehen, die zu dekorativen Kübelpflanzen heranwachsen:

■ Samen von anhängendem Fruchtfleisch reinigen, waschen und trocknen lassen.

■ In einen Topf mit Anzuchterde zwei oder drei Samen etwa zwei Zentimeter tief stecken.

■ Bei mindestens 22 °C dauert es mehrere Wochen, bis die Samen zu keimen beginnen.

Weitere Beispiele für exotische Früchte, aus deren Samen Pflanzen gezogen werden können, sind z. B. Andenbeere, Cherimoya, Erdnuss, Guajave, Kakipflaume, Litschi, Mango, Papaya und Wollmispel.

Granatapfel (Punica granatum)

Der immergrüne Strauch oder kleine Baum, der heute weltweit in Tropen und Subtropen angebaut wird, trägt große, rote Blüten. In der etwa apfelgroßen Frucht befinden sich in mehreren Fruchthöhlen zahlreiche von einer saftigen Samenschale umgebene Samen.

Zum Verzehr schneidet man die Frucht auf und löffelt die Samen heraus, deren Samenschale angenehm schmeckt. Die Kerne kann man ausspucken oder schlucken.

Granatäpfel erhalten Sie nicht überall – nur größere Obsthandlungen und große Lebensmittelmärkte führen diese Früchte. Die reife Frucht erkennen Sie an einer glatten, rötlichen oder gelben Schale. Bei der Anzucht gehen Sie so vor:

■ Die Kerne von anhaftendem Fruchtfleisch sorgfältig befreien.

■ In einem Topf mit Anzuchterde aussäen. Normale Zimmertemperatur genügt zur Keimung.

■ Nach dem Erscheinen der Laubblätter die Jungpflanzen pikieren, später in größere Gefäße setzen.

Zitronenbäumchen (Citrus limon)

Dieser kleine, immergrüne Baum oder Strauch trägt seine duftenden, rosa Blüten gleichzeitig mit den Früchten. Die dickschalige Frucht ist eine Beere mit mehreren Fruchtfächern und Kernen, die als wichtige Inhaltsstoffe viel Vitamin C und Zitronensäure enthält.

Unbehandelte Zitronen, die als solche gekennzeichnet sind und die Sie für die Vermehrung benötigen, können Sie in vielen Lebensmittelgeschäften kaufen. Die Anzucht eines Zitronenbäumchens erfordert allerdings etwas Geduld:

■ In eine Anzuchtschale oder einen Topf mit Anzuchterde drei oder vier Kerne etwa einen Zentimeter tief stecken.

■ Nachdem die ersten Laubblätter erschienen sind, Sämlinge pikieren und später in größere Töpfe umsetzen.

Es dauert leider ziemlich lange, bis ein Bäumchen herangewachsen ist. Blüten erscheinen, wenn überhaupt, erst nach Jahren. Wenn man Früchte haben will, muss man veredeln (siehe Seite 84ff.). Auf gleiche Weise lassen sich auch andere Zitrusgewächse, etwa ein Orangenbäumchen (*Citrus sinensis*), aus Samen ziehen.

Die Zitrone stammt wahrscheinlich aus China, jedenfalls wurde sie dort bereits vor 2.500 Jahren kultiviert. Die Araber brachten die Pflanze im frühen Mittelalter nach Europa. Heute ist sie u. a. im gesamten Mittelmeerraum zu finden.

Tropische Nutzpflanzen aus dem Samenhandel

Im gut sortierten Fachhandel finden Sie weitere tropische Nutzpflanzen, darunter solche, deren Produkte wir täglich verwenden. Aus den angebotenen Samen der Nutzpflanzen können Sie attraktive Zimmer- und Kübelpflanzen heranziehen, beispielsweise Baumwolle (*Gossypium herbaceum*), Eukalyptusbaum (*Eucalyptus globulus*), Gewürzrindenstrauch (*Cassia didymibotrya*), Kaffeebaum (*Coffea arabica*) oder Zwergbanane (*Ensete ventricosum*).

Teilen von Pflanzen

Viele Pflanzen sind einfach durch Teilen ihres Wurzelballens vermehrbar.

Das Teilen ist eine der einfachsten Methoden, um Pflanzen zu vermehren. Geeignet für eine Teilung sind verschiedene ausdauernde Pflanzen: einige Sträucher, insbesondere aber viele Stauden. Unter den Stauden können Faserwurzel-, Knollen-, Zwiebel- und Rhizompflanzen geteilt werden.

Auch Staudengräser, verschiedene Zimmerpflanzen, einige Kräuter- und Gemüsepflanzen können diesen Gruppen zugeordnet werden. Nicht geeignet sind Stauden mit Pfahlwurzeln.

Stauden teilt man nicht nur, um sie zu vermehren. Eine Teilung kann eine Verjüngungskur sein, die viele Stauden nach einigen Jahren ungestörten Wachstums brauchen: wenn ihre Wurzeln verfilzt sind, wenn sich Wurzelunkräuter breit gemacht haben oder das bei Staudenhorsten wie Margeriten oder Sonnenhut in die Breite gehende Wurzelwachstum die Pflanzen in der Mitte hat verkahlen lassen. Auch Blühfaulheit oder gelbliche Verfärbungen der Blätter können anzeigen, dass sich die Pflanzen an ihrem Wuchsort nicht mehr so wohl fühlen wie früher. Mit einer Teilung können wir aber wieder zu üppigen, kräftigen Pflanzen kommen.

Geschenktipp
Über Teile Ihrer Pflanzen freuen sich sicher auch Nachbarn, Freunde und Kollegen, die Spaß an der Hobbygärtnerei haben.

Pflanzen, die Horste bilden

Pflanzen, die dichte Horste bilden – etwa Phlox (*Phlox*), Sonnenhut (*Rudbeckia*), etliche Kräuter, verschiedene Ziergräser – teilen Sie während der Vegetationsruhe, im Spätherbst oder im Frühjahr vor dem Austreiben, keinesfalls in der Blütezeit. Bei den Zimmerpflanzen spielt der Termin eine geringere Rolle.

■ Heben Sie die Pflanze mit einer Grabgabel oder einem Spaten vorsichtig aus dem Boden.

■ Entfernen Sie durch sachtes Klopfen oder Schütteln so viel Erde, dass Sie sehen können, wo eine Trennung möglich ist.

■ Entfernen Sie Unkraut und beschädigte Wurzeln, und kürzen Sie zu lange Wurzeln ein.

■ Durchtrennen Sie den Wurzelballen mit einem kräftigen Spatenstich, mit zwei Grabgabeln oder – wenn er noch nicht stark verholzt ist – mit einem Messer in zwei oder auch drei oder mehrere Teilstücke. Manche Pflanzen kann man auch einfach mit den Händen auseinander ziehen. Wichtig: Jedes Teilstück muss Wurzeln und mindestens eine Triebknospe haben.

■ Bei sehr großen, alten Horstpflanzen sollten Sie die Innenstücke kompostieren und nur die äußeren Teilstücke verwenden.

■ Pflanzen Sie die Teilstücke an entsprechende Stellen im Garten oder in Gefäße so tief wie zuvor die Mutterpflanze ein.

Triebknospen sind unentwickelte Triebe. Sie enthalten teilungsfähige Zellen, mit denen die Pflanze erneut austreiben kann.

Zur Teilung geeignete Stauden

▶ **Staudenblumen:**
Astern (*Aster*), Blaukissen (*Aubrieta*), Brennende Liebe (*Lychnis chalcedonica*), Federmohn (*Macleaya*), Glockenblume (*Campanula*), Herbstanemone (*Anemone japonica*), Hornveilchen (*Viola cornuta*), Jakobsleiter (*Polemonium*), Mädchenauge (*Coreopsis*), Männertreu (*Lobelia*), Maßliebchen (*Bellis*), Phlox (*Phlox*), Prachtspiere (*Astilbe*), Purpurglöckchen (*Heuchera*), Rittersporn (*Delphinium*), Schafgarbe (*Achillea*), Sonnenauge (*Heliopsis*), Sonnenbraut (*Helenium*), Sonnenhut (Rudbeckia), Spornblume (*Centranthus*), Storchschnabel (*Geranium*), Taglilie (*Hemerocallis*), Wucherblume (*Chrysanthemum*).

▶ **Staudengräser:**
Chinaschilf (*Miscanthus*), Pampasgras (*Cortaderia*), Pfeifengras (*Molinia*), Rutenhirse (*Panicum*), Schwingel (*Festuca*), Segge (*Carex*).

▶ **Gewürzkräuter:**
Bergbohnenkraut (*Satureja montana*), Eberraute (*Artemisia abrotanum*), Estragon (*Artemisia dracunculus*), Lavendel (*Lavandula*), Melisse (*Melissa*), Minze (*Mentha*), Oregano (*Origanum vulgare*), Salbei (*Salvia*), Schnittlauch (*Allium schoenoprasum*), Thymian (*Thymus*), Weinraute (*Ruta*), Ysop (*Hyssopus*).

▶ **Zimmerpflanzen:**
Bogenhanf (*Sansevieria*), Efeu (*Hedera helix*), verschiedene Farne (etwa Moosfarn *Selaginella*), Pantoffelblume (*Calceolaria*), Schmucklilie (*Agapanthus*), Schusterpalme (*Aspidistra elatior*), Zypergras (*Cyperus*).

Je nach Größe kann ein Wurzelballen mit den Händen oder mit Grabgabeln geteilt werden.

Zwiebeln

Eine Zwiebel ist ein unterirdisches Speicherorgan verschiedener Stauden, das auch der vegetativen Vermehrung dient: An einem verkürzten Spross sitzen viele nichtgrüne fleischige Blätter. Unter unseren Frühlingsblühern in Natur und Garten finden sich besonders viele Zwiebelgewächse. In der Zwiebel hat die Pflanze während der Vegetationsperiode die von ihr in der Photosynthese hergestellten Nährstoffe gespeichert. Diese ermöglichen ihr, so früh auszutreiben.

Bei Hyazinthen und Kaiserkronen kann man die Bildung von Brutzwiebeln fördern, indem man den Zwiebelboden mit einem Messer sternförmig einschneidet.

Viele Zwiebeln können in Segmente geteilt werden, die dann zu neuen Pflanzen heranwachsen. Auch durch Brutzwiebeln erfolgt bei vielen Zwiebelgewächsen eine Vermehrung: Diese bilden sich in unterschiedlicher Anzahl um die Basis der (größeren) Mutterzwiebel. Brutzwiebeln sind zunächst klein und wachsen erst heran.

Trotz dieser selbstständigen Vermehrung der Zwiebelpflanzen im Garten ist es sinnvoll, alle paar Jahre die Zwiebeln auszugraben und die Brutzwiebeln abzunehmen, da sonst die Pflanzen zu dicht wachsen und sich gegenseitig behindern. Es kann manchmal Jahre dauern, bis die Brutzwiebeln Blüten treiben!

Der aromatische Knoblauch aus der Familie der Liliengewächse ist wahrscheinlich unsere älteste Heil- und Gewürzpflanze.

Man teilt nach der Blüte, wenn das Laub schon welk geworden ist, bei Frühlingsblühern im Spätfrühling/Frühsommer, bei Sommerblühern, Lilie (*Lilium*), Präriekerze (*Camassia*) und Zwiebeliris (*Iris*) erst im Herbst. Lagern Sie die Zwiebeln kühl und trocken, und setzen Sie sie im Herbst vor dem Frost. Wichtig ist die richtige Pflanztiefe: im Allgemeinen zweieinhalb- bis dreifacher Durchmesser der Zwiebel. Für große Zwiebeln bohren Sie ein entsprechend tiefes Loch und legen sie einzeln hinein. Kleine Zwiebeln sollte man in Gruppen legen.

Schmackhafte Zwiebelpflanzen

Knoblauch (*Allium sativum*) gibt vielen Speisen erst die richtige Würze. Verschiedene neuere Studien haben auch seinen Gesundheitswert belegt. Kaufen Sie den zum Setzen bestimmten Knoblauch im Fachhandel. Ab März können Sie Knoblauch bereits im Freiland setzen, bei mildem Klima auch im Herbst (November/Dezember). Lösen Sie die Zehen, und stecken Sie sie im Abstand von etwa 15 Zentimeter leicht schräg mit der Spitze nach oben vier bis fünf Zentimeter tief in lockere, nährstoffreiche Erde.

Zu den ersten Frühlingsblumen im Garten gehören die Schneeglöckchen, die mit Hilfe ihrer unterirdischen Speicherorgane den Winter überstehen können.

Setzen von Frühblüherzwiebeln	
Name	**Pflanztiefe**
Kaiserkrone (*Fritillaria imperialis*)	25 Zentimeter
Hyazinthe (*Hyacinthus*)	15 Zentimeter
Tulpe (*Tulipa*)	15 Zentimeter
Märzenbecher (*Leucojum*)	10 Zentimeter
Narzisse (*Narcissus*)	10 Zentimeter
Schneeglanz (*Chionodoxa*)	5 Zentimeter
Blaustern (*Scilla*)	5 Zentimeter
Schneeglöckchen (*Galanthus*)	5 Zentimeter
Traubenhyazinthe (*Muscari*)	5 Zentimeter

An der Mutterzwiebel bilden sich kleine Brutzwiebeln.

Geschenktipp

Setzen Sie in einen Pflanzkübel in zwei Etagen Frühblüherzwiebeln und Knollen. Auf die erste Etage größere Zwiebeln wie Narzissen oder Tulpen. Auf die zweite Etage über einer Erdschicht: kleine Zwiebeln oder Knollen wie Schneeglöckchen oder Krokusse.

Schnittlauch (*Allium schoenoprasum*) kann man auch im Winter auf der Küchenfensterbank ernten. Graben Sie Ihren Schnittlauch im Oktober/November aus dem Beet aus. Lassen Sie ihn im Freien an einem überdachten Platz austrocknen und durchfrieren.

Dann teilen Sie den Wurzelballen und pflanzen die Teilstücke in Töpfe mit nährstoffreicher Erde.

Zum Beispiel Ritterstern (Amaryllis)

Rittersterne bilden im Topf nur selten Brutzwiebeln. Macht nichts – die Blüten sind wunderschön:

■ Zwiebel des Rittersterns (*Hippeastrum*) zwischen November und Januar in einen großen Topf mit Erde setzen, so dass die Zwiebel noch zur Hälfte aus dem Substrat herausschaut. An einen warmen, hellen Platz stellen.

■ Die Zwiebel zunächst wenig, nach dem Austreiben stärker gießen.

■ Nach der Blüte den Blütenstängel abschneiden, bis Mitte/Ende August gießen und düngen.

■ Dann aus dem Topf nehmen, Laub einziehen lassen und zwei Monate kühl und dunkel lagern. Die Brutzwiebeln treiben oft erst nach zwei oder drei Jahren Blüten.

Zimmertreiberei – altmodisch und wieder modern

Die Zimmertreiberei mit Zwiebeln (Narzissen, Tulpen, Hyazinthen) und Knollen (Krokus) war früher sehr beliebt. Derzeit kommt sie wieder in Mode – zu Recht, bringen doch in der dunklen Jahreszeit die im Zimmer getriebenen Blüten Duft, Farbe und Frühlingsahnung und vertreiben trübe Wintergedanken.

Besonders schön und wohlriechend sind Hyazinthen. Kaufen Sie – für sich oder als Geschenk – im September/Oktober im Fachhandel eine für die Zimmertreiberei geeignete Hyazinthenzwiebel, dazu ein Hyazinthenglas und einen Hyazinthenhut. Füllen Sie das Glas mit abgekochtem Wasser, und geben Sie ein Holzkohlenstückchen hinein. Setzen Sie die Zwiebel mit der Spitze nach oben auf das Glas.

Zwischen Zwiebelboden und Wasser müssen einige Millimeter Zwischenraum sein, sonst droht Fäulnis. Setzen Sie der Zwiebel das Hütchen auf, stellen Sie sie kühl und dunkel. Kontrollieren Sie regelmäßig den Wasserstand, und füllen Sie fehlendes Wasser nach. Sobald die Wurzeln den Glasboden erreicht haben, stellen Sie die Pflanze warm. Das Hütchen wird erst abgenommen, wenn der wachsende Trieb es in die Höhe hebt.

Knollen

Knollen sind verdickte Pflanzenorgane, die ähnlich wie die Zwiebeln der Stoffspeicherung und der vegetativen Vermehrung dienen. *Sprossknollen* sind verdickte Sprosse, die aus ihren Knospen Triebe ausbilden. Sicher haben Sie schon die im Spätwinter aus den »Augen« der Kartoffelknolle austreibenden weißen oder rosa Triebe gesehen und ausgebrochen. *Wurzelknollen* entstehen durch Verdickung von Seitenwurzeln, so etwa bei den Dahlien. Knollengewächse können durch Knollenteilung oder durch Brutknollen vermehrt werden. Bei manchen Pflanzen wie den Gladiolen ist beides möglich.

Geschenktipp

Über eine präparierte, für die Zimmerkultur geeignete Hyazinthenzwiebel, ein Hyazinthenglas und ein Hütchen aus Gold- oder Silberpapier (siehe Foto unten) freuen sich auch Menschen ohne grünen Daumen.

Für die Zimmeranzucht einer Hyazinthe benötigt man eine Pflanzenzwiebel, ein Hyazinthenglas und ein Hütchen.

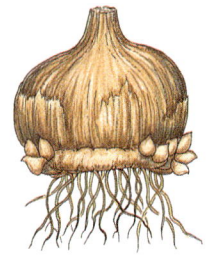

Die Brutknollen wachsen rund um die Hauptknolle.

Die Herbstzeitlose ist ein Trockenblüher. Die Knollen kommen in einer Glasschale am Zimmerfenster ohne Erde und Wasser zur Blüte. Vorsicht: Herbstzeitlose sind äußerst giftig und dürfen auf keinen Fall gegessen werden!

Zum Beispiel Gladiolen

Gladiolen sind nicht jedermanns Sache. Diese Schwertliliengewächse sind jedoch altehrwürdige Garten- und Schnittblumen, die neuerdings wieder mehr Beachtung und Freunde finden. Unsere heimische Sumpfgladiole ist stark gefährdet. Die Gartengladiolen stammen aus dem Mittelmeerraum, sie sind nicht winterhart und müssen daher im Herbst ausgegraben werden. Sie schätzen einen nährstoffreichen Boden, sind im Übrigen aber anspruchslos und blühen von Juni/Juli bis in den Herbst hinein.

■ Gladiolen samt Knollen um die Zeit der ersten Herbstfröste aus dem Boden nehmen. Laub bis auf zehn Zentimeter zurückschneiden.

■ Knollen an einem warmen und luftigen Platz trocknen lassen (nicht in der Sonne).

■ Die Blätter, sobald sie abgestorben sind, entfernen.

■ Brutknollen vorsichtig ablösen und in Papier einschlagen.

■ Knollen und Brutknollen an einem frostfreien Platz aufbewahren.

■ Im Frühjahr Tochterknollen in Töpfe pflanzen und ein Jahr heranwachsen lassen, ehe man sie auspflanzt. Alte, große Knollen können mit einem scharfen Messer zerschnitten werden. Dabei darauf achten, dass jedes Teilstück mindestens eine Triebknospe hat.

■ Knollen in Abständen von Ende März bis Juni legen, so erstreckt sich die Blütezeit Ihrer Gladiolen über einen längeren Zeitraum. Die Pflanztiefe sollte zwischen fünf und zehn Zentimeter betragen.

Knollenpflanzen vermehren

▶ **Pflanzen mit Brutknollen:**
Gladiole (*Gladiolus*), Herbstzeitlose (*Colchicum*), Hundszahn (*Erythronium*), Krokus (*Crocus*), Montbretie (*Crocosmia*), Ranunkeln (*Ranunculus*).

▶ **Pflanzen, deren Knollen geteilt werden können:**
Anemone (*Anemone*), Dahlie (*Dahlia*), Eisenhut (*Aconitum*), Gladiole (*Gladiolus*), Gloxinie (*Sinningia*), Knabenkrautarten (*Orchis, Dactylorhiza*), Knollenbegonien (*Begonia*), Leuchterblume (*Ceropegia*), Topinambur (*Helianthus tuberosus*).

Rhizome

Rhizome, die auch Wurzelstöcke genannt werden, sind keine Wurzeln, sondern es handelt sich um unterirdische Sprosse, die der Stoffspeicherung und der vegetativen Vermehrung dienen.

Ein Rhizom wächst im Allgemeinen waagrecht in der Erde. Da es (meist schuppenförmige) Blätter besitzt, kann man es deutlich von den blattlosen Wurzeln unterscheiden. Das Rhizom überdauert die Vegetationsperioden und wächst an der Spitze stets weiter, während seine älteren Teile allmählich absterben.

Rhizompflanzen teilt man in der Ruhezeit der Pflanzen im Spätsommer oder Herbst. Gehen Sie folgendermaßen vor:

■ Das Rhizom ausgraben, die Erde abschütteln.

■ Rhizom mit einem scharfen Messer in Stücke schneiden. Jedes verwendbare Teilstück muss mindestens eine Triebknospe haben. Die anderen Rhizomteile können Sie kompostieren. Wenn Sie die Rhizome mit der Hand auseinander brechen, sollten Sie die Bruchstellen mit dem Messer nachschneiden und glätten.

■ Schnittstellen mit Holzkohlenpulver bestäuben.

■ Blätter stark einkürzen.

■ Rhizome so tief setzen, wie das Rhizom der Mutterpflanze lag. Bei Iris so flach setzen, dass das Rhizom noch aus der Erde herausschaut.

Pfingstrosen sind jahrhundertealte Bauerngartenpflanzen. Die vielen Sorten stammen von der heimischen Paeonia officinalis und von chinesischen Pfingstrosen wie etwa Paeonia lactiflora ab.

Pflanzen durch Rhizomteilung vermehren

▶ **Zierstauden:**
Buschwindröschen (*Anemone nemorosa*), Fackellilie (*Kniphofia*), Maiglöckchen (*Convallaria*), Pfingstrose (*Paeonia*), Prachtscharte (*Liatris*), Schwertlilien (*Iris*), Winterling (*Eranthis hiemalis*), Wurmfarn (*Dryopteris*).

▶ **Gemüse und Kräuter:**
Pfefferminze (*Mentha* x *piperita*), Rhabarber (*Rheum rhaponticum*), Spargel (*Asparagus*).

▶ **Zimmer- und Kübelpflanzen:**
Blumenrohr (*Canna indica*), Ingwer (*Zingiber*).

Abtrennen von Tochterpflanzen

Manche Rosen lassen sich über Ausläufer vermehren.

Manche Pflanzen bilden an Teilen ihres Körpers Wurzeln (und Triebe) – und somit neue Pflanzen. Die Tochterpflanzen sind zunächst noch mit der Mutterpflanze verbunden, meist löst sich nach einiger Zeit diese Verbindung, und die jungen Pflanzen sind damit selbstständig. Entstanden sind sie – das sei ausdrücklich vermerkt – auf ungeschlechtlichem Weg, und somit sind sie absolut erbgleich mit ihrer Mutterpflanze. Als Hobbygärtner können wir durch Abtrennen der Tochterpflanzen auf eine meist recht einfache Art und Weise Pflanzen vermehren – leider kommt jedoch nur eine relativ geringe Zahl von Pflanzen dafür in Frage.

Ausläufer und Kindel

Weitere Zimmerpflanzen, die Kindel bilden, sind Clivie (Clivia), Guzmanie (Guzmania), Lanzenrosette (Aechmea fulgens), Nestrosette (Nidularium) und Vriesee (Vriesea).

Vielleicht haben Sie schon einmal die Ausläufer von Erdbeeren (*Fragaria*) gesehen – im Garten, am Wegrand oder im Wald: Aus den Pflanzen wachsen lange, dünne Triebe über den Boden. An ihren Knoten bilden sich Wurzeln und Blätter. Auf diese Weise kann die Pflanze

---

Vermehrung durch oberirdische Ausläufer

▶ **Gartenpflanzen:**
Felsenmispel (*Cotoneaster*), Hauswurz (*Sempervivum*), Immergrün (*Vinca*), Kriechender Günsel (*Ajuga reptans*), Pfennigkraut (*Lysimachia nummularia*), Rosen (Rosa – Wildrosen und Alte Rosen), Wohlriechendes Veilchen (*Viola odorata*).

▶ **Zimmerpflanzen:**
Grünlilie (*Chlorophytum comosum*), Judenbart (*Saxifraga stolonifera*), Schattenröhre (*Episcia*), Schwertfarn (*Nephrolepis exaltata*).

sehr rasch auch größere Flächen besiedeln. Im Garten schneiden Sie die jungen Pflänzchen einfach mit dem Messer oder mit der Schere ab und verpflanzen sie an den neuen Platz, wo sie gleich gründlich gewässert werden müssen.

Die abgetrennten »Töchter« von Zimmerpflanzen sollten nach dem Einpflanzen mit einer Plastikhaube o. Ä. vor zu starker Verdunstung geschützt werden. Auf diese einfache Weise können Sie von verschiedenen Pflanzen Jungpflänzchen gewinnen.

Die Ausläuferpflänzchen, insbesondere von Ananasgewächsen (*Bromeliaceae*) und Agaven (*Agave*), werden Kindel genannt. Die Mitglieder dieser Pflanzengruppen blühen nur ein einziges Mal in ihrem Leben und sterben dann ab. Zuvor jedoch sichern sie durch Kindelbildung eine Art von Weiterleben. Diese Kindel kann man, wenn sie voll ausgewachsen sind, mit einem scharfen Messer abtrennen. Als Fäulnisschutz sollte man die Kindel vor dem Einpflanzen einige Stunden trocknen lassen oder die Schnittstelle in Holzkohlenpulver tauchen und desinfizieren.

Unterirdische Ausläufer

Bei manchen Pflanzen bilden sich an Ausläufern von unterirdischen Sprossen oder von Wurzeln neue Pflanzen. Sprossausläufer bilden sich auch an Knollen- und Rhizompflanzen, die im vorhergehenden Kapitel bereits beschrieben wurden. Unbeliebt bei Gärtnern sind Giersch und Quecke, deren Rhizome unterirdisch den Boden durchziehen und neue Pflanzen zur Oberfläche schicken. Sogar Maiglöckchen können in Gärten zur Plage werden. Ein Beispiel für eine Ausläufer bildende Knollenpflanze ist die Kartoffel.

Manche Bäume bzw. Gehölze bilden Wurzelausläufer (Wurzelschösslinge). Man sticht die Tochterpflanze mit dem Spaten ab, kürzt die Wurzeln ein und setzt sie an die vorgesehene Stelle. Beispiele für Gehölze mit Wurzelausläufern sind: Apfelbeere (*Aronia*), Essigbaum (*Rhus*), Kartoffelrose (*Rosa rugosa*), Kirschpflaume (*Prunus cerasisfera*), Quitte (*Cydonia oblonga*), Sanddorn (*Hippophaë*), Schlehe (*Prunus spinosa*) und Zwetsche (*Prunus domestica*).

 **Geschenktipp**
Wenn Sie Zimmerpflanzen haben, die Ausläufer oder Kindel bilden oder »lebend gebärend« sind, können Sie stets ein solches Pflänzchen in einen Topf setzen, anwachsen lassen und dann verschenken.

Oberirdische Brutkörper – »lebend gebärende Pflanzen«

Es gibt Pflanzen, die an ihren Stielen, an Blättern oder im Blütenbereich kleine Pflänzchen heranbilden, diese, sobald sie eine gewisse Größe erreicht haben, abwerfen und so für ihre Vermehrung sorgen. Weil ähnlich wie bei einer Geburt »fertige« Lebewesen zur Welt kommen, spricht man auch – sachlich unzutreffend – von »lebend gebärenden Pflanzen«.

Beim Knöllchenknöterich (*Polygonum viviparum*), einer Gebirgspflanze, entstehen im Blütenbereich Knöllchen, die noch auf der Mutterpflanze zu Pflänzchen heranwachsen.

Auch das Brutblatt gehört zu den »lebend gebärenden Pflanzen«. Diese Pflanze ordnete man früher einer eigenen Gattung – *Bryophyllum* – zu. Heute gehört sie zur Gattung *Kalanchoë*, einer Gruppe aus Madagaskar stammender Dickblattgewächse, der wir verschiedene beliebte Zimmerpflanzen verdanken, etwa das Flammende Käthchen (*Kalanchoë blossfeldiana*). Beim Brutblatt entwickeln sich an den Blatträndern die Jungpflänzchen, die nach einiger Zeit von selbst abfallen. Vielleicht schaffen Sie sich ein solches Brutblatt an und beobachten das Heranwachsen der »Kinder«? Sie brauchen sie nur abzunehmen und einzutopfen (und können sie auch verschenken).

Auch Brutfarne bilden an älteren Wedeln entlang der Mittelrippe Brutkörper, aus denen sich neue Pflänzchen entwickeln. Wenn Sie Ihren Brutfarn also vermehren möchten, so legen Sie im Herbst ein Wedel mit Brutknospen auf feuchte Erde. Bringen Sie einen Verdunstungsschutz an, und halten Sie das Ganze feucht.

> **Goethe war vom Brutblatt fasziniert. Er beobachtete und beschrieb nicht nur die eigenartige Vermehrung, sondern auch das Phänomen, dass die Pflanze im Sommer geteilte, im Winter einfache Blätter hervorbringt.**

»Lebend gebärende« Pflanzen

Borstiger Schildfarn (*Polystichum setiferum var. proliferum*), Brutblatt (*Kalanchoë daigremontana, Kalanchoë pinnata, Kalanchoë tubiflora*), »Henne mit Küken« (*Tolmiea menziesii*), Streifenfarn (*Asplenium bulbiferum*).

Mit Brutzwiebeln und Bulbillen ist die Tigerlilie vermehrbar.

Bulbillen

Einige Pflanzen, insbesondere Lilienarten, bilden an Stängeln, in den Blattachseln oder im Blütenbereich zwiebelartige Brutkörper aus, die Bulbillen oder Bulben genannt werden. Diese fallen ab und dienen so der vegetativen Vermehrung. Lösen Sie die Bulbillen im Herbst ab, und stecken Sie sie in Töpfe mit Aussaaterde, oder streuen Sie sie auf ein Beet und bedecken sie mit Erde. Sie können die Bulbillenbildung fördern, indem Sie die Blütenknospen entfernen.

Abmoosen

Diese Methode ist interessant und macht Spaß, erfordert aber sorgfältiges Arbeiten und Geduld. Geeignet sind vor allem verschiedene Gehölze unter den Zimmer- und Kübelpflanzen. Der Name für die Methode ist vom Substrat abgeleitet, das meist verwendet wird, nämlich Torfmoos (*Sphagnum*).

Pflanzen, die Bulbillen ausbilden, sind auch Feuerlilie (Lilium bulbiferum), Madonnenlilie (Lilium candidum) und Tigerlilie (Lilium tigrinum) sowie Knoblauch (Allium sativum) und Zwiebel-Zahnwurz (Dentaria bulbifera).

Abmoosen lässt sich aber auch mit Torf oder sterilisierter Erde. Die Methode eignet sich, um zu groß gewordene Zimmer- und Kübelpflanzen zu verkleinern. Die beste Zeit, um mit dem Abmoosen anzufangen, ist das Frühjahr.

Geschenktipp

Eine abgemooste Pflanze ist ein ansprechendes Geschenk, von dem der Empfänger weiß, dass Sie viel Zeit und Mühe auf die Anzucht verwendet haben.

■ Einen kräftigen Zweig in der gewünschten Höhe unterhalb eines Knotens mit einem scharfen Messer schräg von unten nach oben einschneiden. Der Schnitt sollte etwa bis zur Hälfte des Stammes oder Zweiges reichen.

■ Zur Förderung der Wurzelbildung kann die Schnittstelle auch mit Bewurzelungspulver behandelt werden.

■ Ein Steinchen oder ein Stückchen Kunststoff in die Schnittstelle klemmen. Damit wird verhindert, dass sich die Wunde wieder verschließt.

■ Unterhalb der Schnittstelle ein Stück dunkle Plastikfolie so um den Trieb befestigen, dass eine Tasche entsteht. Diese Tasche mit feuchtem Torfmoos füllen, das Sie im Gartenfachhandel erhalten.

■ Anschließend die Folie auch oben verschließen.

■ Das Torfmoos muss feucht bleiben – prüfen Sie dies von Zeit zu Zeit nach: Dazu die Folie oben etwas öffnen und das Moos gegebenenfalls befeuchten.

■ Die Wurzelbildung dauert einige Wochen oder einige Monate, bei einigen Pflanzen sogar über ein Jahr. Vor dem Ablösen der Tochterpflanze sollten Sie sich vergewissern, ob sich bereits genügend Wurzeln gebildet haben.

■ Um die Tochterpflanze abzuteilen, den Trieb direkt unterhalb der neu gebildeten Wurzeln abtrennen und eintopfen.

Für das Abmoosen geeignete Pflanzen

Baumfreund (*Philodendron*), Birkenfeige (*Ficus benjamina*), Echter Feigenbaum (*Ficus carica*), Efeuaralie (*Fatshedera lizei*), Fensterblatt (*Monstera deliciosa*), Gummibaum (*Ficus elastica*), Litschi (*Litchi chinensis*), Olive (*Olea europaea*), Rhododendron (*Rhododendron*), Schefflera (*Schefflera*), Strauchbegonien (*Begonia*), Zimmeraralie (*Fatsia japonica*), Zitrusgewächse (*Citrus*).

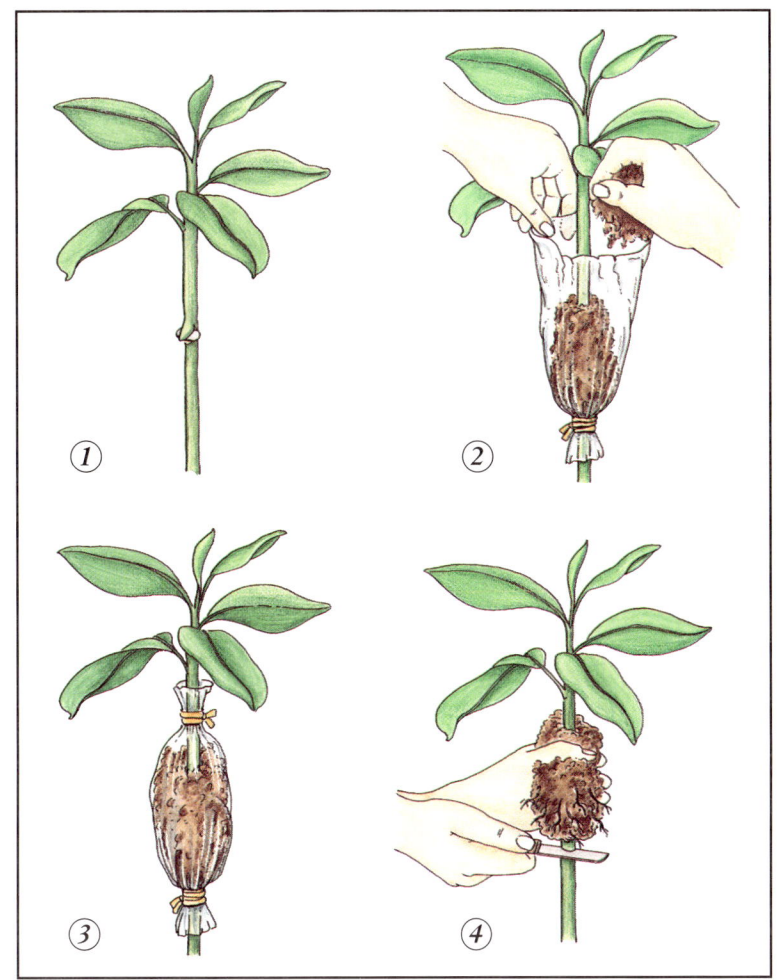

Schritte beim Abmoosen: Ein Steinchen hält den Einschnitt offen (1). In Plastikfolie wird feuchtes Torfmoos gefüllt (2). Das Torfmoos umschließt die Einschnittstelle (3). Wenn sich genügend Wurzeln gebildet haben, wird der Trieb abgeschnitten (4).

Anhäufeln

Das Anhäufeln ist eine einfache Vermehrungsmethode für verschiedene strauchige Gehölze und zugleich eine Verjüngungskur für dünn und kümmerlich gewordene Pflanzen. Gerade auch Sträucher unter den Küchenkräutern lassen sich auf diese Weise verjüngen und vermehren. Gehen Sie folgendermaßen vor:

■ Schneiden Sie die Zweige der Pflanze im Herbst oder Spätwinter/Vorfrühling dicht über dem Boden ab.

■ Im Frühjahr zwischen die neu gewachsenen Triebe lockere, gesiebte Erde häufeln, so dass nur noch die oberen Triebteile herausragen.

■ Da die Triebe weiterwachsen, wird dieses Anhäufeln bis zum Herbst mehrfach wiederholt.

■ Im Spätherbst oder im Frühjahr des folgenden Jahres können Sie wieder abhäufeln, d.h., Sie entfernen vorsichtig die um die Triebe herum aufgetürmte Erde. Die Triebe haben unter der Erde neue Wurzeln gebildet.

■ Die bewurzelten Triebe mit einer Schere von der Mutterpflanze abschneiden und einpflanzen.

Topfpflanzen, die lange Triebe bilden, und Küchenkräuter im Topf, wie Salbei, Thymian oder Bergbohnenkraut, lassen sich durch Absenken eines herabhängenden Triebes in einen zweiten Topf vermehren.

Absenken

Mit dieser Methode lassen sich einige Gehölze, darunter auch Kletterpflanzen, vermehren. Man veranlasst dabei junge, kräftige, ein- oder zweijährige Zweige, die noch biegsam sind, sich an einer Stelle zu bewurzeln. Am besten beginnt man im frühen Frühjahr, es geht aber auch im Sommer oder Herbst. Die Bewurzelung dauert je nach Art unterschiedlich lang. Kletterrosen haben sich meist schon bis zum Herbst bewurzelt.

■ Einen Trieb auf den Boden ziehen und dort in einer leichten, flachen Mulde mit einem Haken feststecken.

■ Bei Trieben aus härterem Holz kann man die Bewurzelung fördern, indem man ein kleines Rindenstück an der Unterseite des Triebteils, das in den Boden kommt, mit dem Messer ablöst.

■ Die Mulde wieder mit Erde füllen, andrücken und eventuell mit einem Ziegelstein beschweren.

■ Das aus der Erde schauende Triebende aufrichten. Für einen besseren Stand kann man sorgen, wenn man es an einen daneben eingeschlagenen Pflock lehnt.

■ Bewurzelten Trieb von der Mutterpflanze abschneiden und einpflanzen.

Ablegen

Verschiedene kletternde oder rankende Sträucher kann man dazu bringen, sich an mehreren Triebstellen zu bewurzeln und so gleich mehrere Tochterpflanzen zu liefern. Im Frühjahr legt man einen langen Trieb auf den Boden, befestigt ihn an mehreren Stellen mit Haken und deckt dort mit Erde ab. Auch beim Ablegen kann man – wie beim Absenken – jeweils durch einen kleinen Einschnitt an der Unterseite des Zweiges die Bewurzelung fördern.

Die nicht fixierten Triebstellen sollen sich etwas über den Boden erheben, so dass der gesamte Zweig wellenförmig verläuft. Wenn sich kräftige Triebe und Wurzeln an den abgelegten Stellen gebildet haben, gräbt man im Spätherbst oder Winter den Trieb aus und trennt die Tochterpflanzen ab. Man kann die Tochterpflanze anschließend auspflanzen oder eintopfen.

Die langen Triebe der Kletterrose müssen an Spalieren oder Gittern festgebunden werden. Sie eignen sich gut zur Bewurzelung durch Absenken oder Ablegen.

Anhäufeln, Absenken und Ablegen

▶ **Pflanzen, die durch Anhäufeln vermehrt werden können:**
Zier- und Beerensträucher: Fingerstrauch (*Potentilla*), Hortensien (*Hydrangea*), Johannisbeeren (*Ribes*), Spierstrauch (*Spiraea*), Stachelbeeren (*Ribes*), Strauchrosen (*Rosa*).
Gewürzkräuter: Lavendel (*Lavandula*), Rosmarin (*Rosmarinus officinalis*), Salbei (*Salvia officinalis*), Thymian (*Thymus vulgaris*).

▶ **Zum Absenken geeignete Pflanzen:**
Rosen (*Rosa*): Alte Rosen, Kletterrosen, Rambler.
Nutzsträucher: Brombeeren (*Rubus*), Hasel (*Corylus*), Himbeeren (*Rubus*).
Ziersträucher: Flieder (*Syringa vulgaris*), Gemeiner Schneeball (*Viburnum opulus*), Hartriegel (*Cornus*), Magnolie (*Magnolia*), Perückenstrauch (*Cotinus cogygria*), Rhododendron (*Rhododendron*).

▶ **Zum Ablegen geeignete Pflanzen:**
Blauregen (*Wisteria sinensis*), Geißblatt (*Lonicera*), Kletterrose (*Rosa*), Pfeifenwinde (*Aristolochia macrophylla*), Waldrebe (*Clematis*), Wilder Wein (*Parthenocissus*).

Vermehren mit Stecklingen

Manche Pflanzen sind sehr genügsam – sie bewurzeln sich, indem man sie einfach in Wasser stellt.

Das Vermehren mit Stecklingen ist die von Fach- und Hobbygärtnern am meisten praktizierte Art des vegetativen Vermehrens. Stecklinge sind abgetrennte Teile des Pflanzenkörpers – und zwar Spross-, Blatt- oder Wurzelstücke –, die zu neuen, mit der Mutterpflanze erbgleichen Individuen regenerieren. An den Schnittstellen bildet das Kambium Kallus, ein undifferenziertes Wundgewebe, das Zellen für den Aufbau der neuen Pflanzen liefert. Manche Pflanzen haben diese Regenerationskraft in besonders hohem Maße, bei anderen ist sie weniger stark ausgeprägt, und wir müssen entsprechend nachhelfen.

Zum leichten Einstieg – die Anzucht im Wasserglas

Für einige Stecklinge brauchen Sie zunächst nur ein scharfes Messer und ein Glas Wasser. Sie können die Wurzelbildung durch das Glas verfolgen. Allerdings sind es nur bestimmte Pflanzen, die so leicht Wurzeln bilden, z. B. verschiedene Zimmer- und Kübelpflanzen.

Es ist interessant und spannend zu beobachten, wie ein Steckling im Wasserglas Wurzeln austreibt; besonders Kinder verfolgen das Wachstum mit Begeisterung.

Stecklingsbewurzelung im Wasserglas

▶ **Zimmer- und Kübelpflanzen:**
Baumfreund (*Philodendron*), Buntnessel (*Coleus*), Efeutute (*Epipremnum pinnatum*), Fächerblume (*Scaevola aemula*), Fleißiges Lieschen (*Impatiens walleriana*), Fuchsie (*Fuchsia*), Oleander (*Nerium*), Strauchbegonie (*Begonia*), Strauchmargerite (*Chrysanthemum*), Zimmerlinde (*Sparmannia*).

▶ **Gartenpflanzen:**
Efeu (*Hedera*), Forsythie (*Forsythia*), Liguster (*Ligustrum*), Pappel (*Populus*), Steinkraut (*Alyssum*), Tränendes Herz (*Dicentra*), Weide (*Salix*).

■ Füllen Sie ein Glas mit Wasser, und geben Sie ein kleines Stückchen Holzkohle dazu, um das Wasser keimarm zu halten.

■ Schneiden Sie von einer der angeführten Pflanzen (Seite 72) einen blütenlosen Trieb – je nach Art zwischen 5 und 20 Zentimeter lang – knapp unter einem Blattknoten (*Nodum*) ab. Nehmen Sie die Stecklinge möglichst nicht zur Blütezeit der Pflanzen.

■ Stellen Sie den Steckling ins Wasser, und lassen Sie das Glas bei Zimmertemperatur (20 bis 22 °C) stehen. Eine darüber gestülpte Plastiktüte kann die Verdunstung einschränken, ist aber nicht unbedingt nötig. Verdunstetes Wasser muss durch (abgestandenes) Wasser mit Zimmertemperatur ersetzt werden.

■ Nach einigen Wochen ist der Steckling bewurzelt und kann in einen Topf mit nährstoffarmer Erde gepflanzt werden. Vorsicht: Die im Wasser gebildeten Wurzeln brechen leicht!

■ Wenn die Jungpflanze größer geworden ist und sich ihre Wurzeln kräftig weiterentwickelt haben, topfen Sie sie in nährstoffreicheres Substrat um.

Voraussetzungen für eine erfolgreiche Stecklingsvermehrung

■ Die Mutterpflanze muss in einem guten Zustand sein – also nicht von Schädlingen befallen, nicht vertrocknet, nicht überdüngt.

■ Das Substrat muss nährstoffarm sein. Nur so entwickelt der Steckling kräftige Wurzeln. Altbewährt bei Fachgärtnern ist eine Mischung aus Torf und Quarzsand im Verhältnis 1 : 1. Für Hobbygärtner eignet sich auch Anzuchterde, der man, wenn sie einen geringen Sandanteil hat, Sand zumischen kann. Reiner Sand, Mischungen aus Sand und Torfersatzstoffen oder aus (sterilisierter) Gartenerde und Sand sind ebenfalls verwendbar. Torf kann für Stecklinge, die sich schwer bewurzeln, vertretbar sein: Seine Huminsäuren fördern die Wurzelbildung.

■ Ohne ausreichende Luftfeuchtigkeit werden Sie kaum Erfolg haben. Stecklinge sind ja zunächst wurzellos und müssen unbedingt mit einer Glas- oder Kunststoffhaube vor Verdunstung geschützt werden.

Geschenktipp

Eine aus einem Steckling gezogene Zimmerpflanze ist ein Mitbringsel, das überall gut ankommt. Die genannten Zimmerpflanzen bilden nicht nur gut Wurzeln, sondern sie sind auch pflegeleicht.

Die Stecklinge sollten auch immer einmal wieder mit einem Zerstäuber übersprüht werden, um Feuchtigkeit zu bekommen.

■ Als Gefäße können Anzuchtschalen, Töpfe, Multitopfplatten und Kisten verwendet werden. Für besonders wärmebedürftige, nicht-heimische Arten (manche Zimmer- und Kübelpflanzen wie Zitrusgewächse und Zimmerzypresse) ist ein Vermehrungskasten mit Bodenheizung zu empfehlen. Günstig sind auch Frühbeete und Gewächshäuser für die Stecklingsanzucht. Manche Stecklinge kann man ins Beet stecken.

■ Der Zeitpunkt für die Stecklingsvermehrung ist unterschiedlich: krautige und halbreife Kopfstecklinge im Frühjahr und im Sommer (während der Vegetationsperiode), Steckhölzer und Wurzelschnittlinge im Herbst und im Winter.

■ Bewurzelungsstoffe (Bewurzelungshormone) sind für manche Arten, die sich schwer bewurzeln, wie Zitrusgewächse oder Kamelien, und für Steckhölzer zu empfehlen. Man gibt etwas Puder in ein Gefäß, taucht die Stecklinge kurz vor dem Stecken ein, streift überschüssigen Puder am Gefäßrand ab und senkt die Stecklinge ins Substrat.

■ Für das Schneiden der Stecklinge ist ein scharfes Messer oder eine Rasierklinge vorteilhaft. Wichtig ist ein glatter, sauberer Schnitt, den man führt, ohne das Gewebe zu quetschen.

Geschenktipp
Schaffen Sie sich einfach zu pflegende Zimmerpflanzen wie Fuchsie oder Schönmalve an. Sie machen sich damit selbst eine Freude und können zudem aus Stecklingen Pflanzen für Geschenke ziehen.

Kopfstecklinge

Die meisten der soeben vorgestellten Wasserglasstecklinge sind auch Kopfstecklinge: Stecklinge, die von der Spitze eines nicht blühenden Triebes (Haupt- oder Seitentrieb) genommen werden.

Krautige Kopfstecklinge

Man nimmt dafür die fingerlangen krautigen, unverholzten und daher weichen Triebe verschiedener Pflanzen, darunter mehrjährige Kräuter, Gartenstauden und sommergrüne Gartengehölze, Zimmerpflanzen und Kübelpflanzen. Der Steckling soll drei oder vier gut entwickelte Blätter oder Blattpaare haben. Die beste Zeit ist im Allgemeinen das Frühjahr, wenn die Pflanzen frisch ausgetrieben haben. Bei Zimmerpflanzen kann man meist das ganze Jahr über diese Art der Stecklingsvermehrung durchführen.

■ Gefäß vorbereiten: Den Boden einer Schale oder eines Topfes mit einer Drainageschicht (Kies, Tonscherben, Tongranulat) bedecken und dann mit Substrat auffüllen.

■ Mit einem scharfen Messer oder einer Rasierklinge am Trieb dicht unter einem Knoten einen sauberen Schnitt führen.

■ Untere Blätter einkürzen oder entfernen.

■ Mit einem Pikierholz Löcher in das Substrat bohren.

■ Stecklinge flach (einen halben bis einen Zentimeter tief) einsetzen und etwas andrücken.

■ Gründlich, aber sanft mit einer Brause wässern.

■ Mit Kunststoffhaube, Plastiktüte, Folie oder Einmachglas vor zu großer Verdunstung schützen. Wegen der Fäulnisgefahr muss jedoch der Luftaustausch gewährleistet sein.

■ An einem hellen Platz, der nicht direkter Sonnenbestrahlung ausgesetzt ist, bei Zimmertemperatur aufstellen.

■ Wenn die Stecklinge Wurzeln gebildet haben, in nährstoffreicheres Substrat pikieren.

Es gibt Pelargonienarten mit unterschiedlichen Düften. Die ätherischen Öle von Pelargonium odoratissimum (Apfelduft) und Pelargonium graveolens (Rosenduft) sollen sehr entspannend wirken.

Vermehrung mit krautigen Kopfstecklingen

▶ **Gewürzkräuter:**
Basilikum, Bergbohnenkraut, Eberraute, Estragon, Lavendel, Melisse, Minze, Oregano, Rosmarin, Salbei, Thymian, Weinraute, Ysop.

▶ **Zimmer- und Kübelpflanzen** (sehr viele sind geeignet; außer den bereits Genannten hier noch einige Beispiele): Azalee (*Rhododendron*), Begonien (*Begonia*), Blaues Lieschen (*Exacum affine*), Dieffenbachie (*Dieffenbachia*), Drachenbaum (*Dracaena*), Iresine (*Iresine*), Klimme (*Cissus*), Pelargonien (*Pelargonium*), Petunien (*Petunia*), Roseneibisch (*Hibiscus rosasinensis*), Schönmalve (*Abutilon*), Zimmeraralie (*Fatsia japonica*).

▶ **Gartenstauden und -gehölze:**
Fetthenne (*Sedum*), Rittersporn (*Delphinium*), Schmetterlingsstrauch (*Buddleja davidii*), Sonnenhut (*Rudbeckia*).

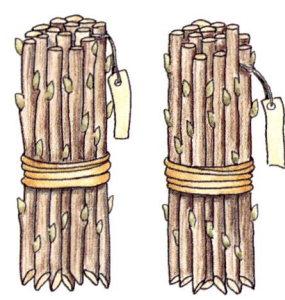

Lagern Sie gebündelte Steck-hölzer im Winter frostfrei in einer Kiste mit feuchtem Sand.

Halbreife Kopfstecklinge

▶ **Kübel- und Gartengehölze:**

Bleiwurz (*Plumbago auriculata*), Flieder (*Syringa*), Geißklee (*Cytisus*), Ginster (*Genista*), Guajave (*Psidium*), Hammerstrauch (*Cestrum*), Immergrün (*Vinca*), Kiwi (*Actinidia chinensis*), Orangenblume (*Choysia*), Passionsblume (*Passiflora*), Podranea (*Podranea*), Ranunkelstrauch (*Kerria*), Rosen (*Rosa*), Scheinrebe (*Ampelopsis*), Spierstrauch (*Spiraea*), Strauchveronika (*Hebe*), Weinrebe (*Vitis*), Zimmerzypresse (*Cupressus macrocarpa*), Zitrus-Arten (*Citrus*).

Halbreife Kopfstecklinge

Diese Stecklinge sind bereits leicht verholzt – an der Spitze noch weich, an der Basis schon hart. Sie werden während der Vegetationsperiode – im späten Frühjahr oder im Sommer – von immergrünen Kübelpflanzen und manchen Freilandgehölzen genommen. Halbreife Stecklinge bewurzeln sich meist schlechter als krautige Stecklinge, und man muss streng darauf achten, dass das Substrat stets feucht ist. Bewurzelungsstoffe können den Prozess unterstützen. In der Regel sind erst nach einigen Monaten die Wurzeln so weit entwickelt, dass die Jungpflanzen pikiert werden können.

Es heißt, gestohlene Stecklinge entwickeln sich besonders gut – stimmt aber nicht! Fragen Sie lieber den Besitzer der Pflanze, ehe Sie Stecklinge abschneiden.

Stecklinge aus Sprossteilen

Neben dem »Kopf«, also der Spitze eines Triebes, kann die Vermehrung bei einigen Arten auch über andere Pflanzenteile erfolgen – und zwar sowohl über Teilstücke eines jungen Triebes als auch über reife, bereits (leicht) verholzte Teile eines Zweiges.

Teilstecklinge, auch Triebstecklinge genannt, stammen von einem Mittelstück des Triebes, das mindestens ein Blatt oder Blattpaar haben muss und das weder allzu weich noch schon zu hart sein darf. Man kann so insbesondere Pflanzen mit langen Trieben, etwa Efeu (*Hedera*), Passionsblume (*Passiflora*) oder Kastanienwein (*Tetrastigma voinierianum*), vermehren.

Steckhölzer

Steckhölzer sind ausgereifte, meist einjährige, verholzte, unbelaubte Triebe verschiedener Gehölzarten, die außerhalb der Vegetationsperiode im Herbst oder Winter geschnitten werden.

■ Schneiden Sie an einem frostfreien Tag mit einer scharfen Schere 20 bis 30 Zentimeter lange, kräftige Triebe von der Mutterpflanze ab.

■ Nun geht es ans Zuschneiden der Steckhölzer: Die weichen Triebspitzen sind ungeeignet und werden abgeschnitten. Das untere Ende dicht unter einer Knospe schneiden Sie etwas schräg, das obere dicht über einer Knospe gerade ab – damit Sie wissen, wo oben und unten ist. Wurzeln werden nur am unteren Ende gebildet. Zwischen oberer und unterer Knospe sollen weitere zwei bis drei Knospen sein.

■ Bündeln Sie die Steckhölzer, und stecken Sie sie in eine Kiste mit feuchtem Sand, so dass sie vom Substrat bedeckt sind.

■ Das Gefäß mit den Steckhölzern soll an einem kühlen Platz aufgestellt werden (Keller, Schuppen, Garage) oder einem frostgeschützten Platz im Freien. Das Substrat soll stets feucht, aber nicht nass sein.

■ Im Frühsommer können Sie die Steckhölzer einzeln in Töpfe oder in ein Beet setzen, so dass nur ein oder zwei Augen über der Erde sind.

Zugeschnittene Steckhölzer werden im Frühsommer in Substrat gesetzt.

Gehölze für die Steckholzvermehrung

Apfelunterlagen (*Malus*), Bastardindigo (*Amorpha fruticosa*), Deutzie (*Deutzia*), Echter Feigenbaum (*Ficus carica*), Eibisch (*Hibiscus*), Felsenmispel (*Cotoneaster*), Fingerstrauch (*Potentilla*), Flieder (*Syringa*), Forsythie (*Forsythia*), Geißblatt (*Lonicera*), Gemeiner Schneeball (*Viburnum opulus*), Heidelbeere (*Vaccinium*), Holunder (*Sambucus*), Johannisbeeren (*Ribes*), Kornelkirsche (*Cornus*), Ölweide (*Eleagnus*), Perückenstrauch (*Cotinus*), Pfeifenstrauch (*Philadelphus*), Quitte (*Cydonia oblonga*), Sanddorn (*Hippophaë rhamnoides*), Schmetterlingsstrauch (*Buddleja*), Schneebeere (*Symphoricarpos*), Spierstrauch (*Spiraea*), Stachelbeeren (*Ribes*), Stechpalme (*Ilex*), Tamariske (*Tamarix*), Waldrebe (*Clematis*), Weide (*Salix*), Weigelie (*Weigelia*), Weinrebe (*Vitis*), Wilder Wein (*Parthenocissus*), Wildrosen (*Rosa*), Zierquitte (*Chaenomeles*), Zwetsche (*Prunus*).

Durch Teilstecklinge aus Rankenstücken lassen sich Passionsblumen vermehren. Sie gedeihen bei 25 °C am besten.

Den bei manchen Pflanzen wie der Dieffenbachie austretenden Saft sollte man mit warmem Wasser abspülen. Vorsicht: Er reizt Haut und Schleimhäute! Tragen Sie daher Handschuhe.

Es empfiehlt sich, das untere Ende, an dem die Wurzelbildung erfolgt, vor dem Setzen in Bewurzelungspulver zu tauchen.

■ Senken Sie die Töpfe an einem halbschattigen Platz in den Boden ein. Im Herbst Wurzeln und Triebe zurückschneiden und auspflanzen.

Stammstecklinge

Bei einigen Zimmerpflanzen und Kübelpflanzen können aus (meist) blattlosen Teilstücken des fleischigen oder leicht verholzten Stamms, neue Pflanzen gezogen werden. Die Teilstücke des Stamms müssen aber jeweils mindestens ein Auge haben.

■ Teilen Sie so den Stamm der Pflanze in zwei bis drei Zentimeter lange Teilstücke mit jeweils mindestens einem Auge (ruhende Knospe). Wichtig: Schneiden Sie dicht unter einem Blattknoten! Zur Erklärung: Bei weitem nicht alle Knospen einer Pflanze treiben aus. »Schlafende Augen« sind ruhende, meist kleine Knospen. Sie können an einem Trieb oft jahrelang in ihrer Entwicklung verharren und erst durch Einwirkungen von außen – wie Verletzung der Pflanze, Lichteinwirkung oder Wassermangel – zum Austreiben veranlasst werden.

■ Lassen Sie die Schnittstellen etwas antrocknen, oder stecken Sie sie in Holzkohlenpulver.

■ Die Stammstücke nun waagrecht in eine Schale mit Substrat legen, aber nicht völlig mit Substrat bedecken.

■ Wässern Sie mit einer feinen Brause. Als Verdunstungsschutz stülpen Sie dem Steckling eine Plastikhaube oder Plastikfolie über.

■ Das Ganze in der nächsten Zeit warm und feucht halten.

■ Wenn sich die Stücke bewurzelt haben, in Töpfe pikieren.

Die Stammstecklinge werden waagrecht auf das Substrat gelegt.

Zimmer- und Kübelpflanzen für Stammstecklinge

Baumfreund (*Philodendron*), Begonien (*Begonia*), Dieffenbachie (*Dieffenbachia*), Drachenbaum (*Dracaena*), Eibisch (*Hibiscus*), Engelstrompete (*Datura*), Gardenie (*Gardenia*), Goldtrompete (*Allamanda*), Gummibaum (*Ficus*), Kamelie (*Camellia*), Palmlilie (*Yucca*).

Blattstecklinge

Aus den Blättern mancher Pflanzen können neue Pflänzchen gezogen
werden. Geeignet sind Blätter, die gerade ausgereift sind – keine alten,
harten, aber auch keine ganz jungen Blätter. Bei einigen Pflanzen funk-
tioniert diese Art der Vermehrung sogar nur mit Teilen der Blätter!

Ganze Blätter

Die Blätter, an denen sich ein möglichst langes Stielstück befinden
sollte, werden aufrecht in feuchtes Substrat gesteckt. Bei der Kamelie
(*Camellia*) sollte sich am Stiel ein Stück alten Holzes befinden. Die ge-
steckten Blätter werden behandelt wie Kopfstecklinge (siehe Seite
74ff.). Nach einiger Zeit bilden sich am Stiel Wurzeln und Triebe aus.
Leider kommen nicht allzu viele Pflanzen für diese einfache Vermehrungsart in Frage. Neben einigen Steingartenpflanzen sind es insbesondere Zimmerpflanzen, wie beispielsweise Flammendes Käthchen
(*Kalanchoë blossfeldiana*), Pfeffergesicht (*Peperomia*) und das Usambara-
veilchen (*Saintpaulia ionantha*).

**Zu den Gartenpflanzen,
die sich mittels ganzer
Blätter vermehren
lassen, gehören z. B.
Bitterwurz (Lewisia),
Felsenteller (Ramonda)
und Fetthenne (Sedum).**

*Aus den eingeritzten Blatt-
adern des Begonienblatts
wachsen junge Pflänzchen.*

Blattteilstecklinge

Auch nur Teile von Blättern können nach Verletzung der Blattadern austreiben. Die Beobachtung, wie sich aus einem Begonienblatt mehrere Jungpflänzchen entwickeln, finden insbesondere Kinder sehr faszinierend.

■ Nehmen Sie Blätter von *Begonia Rex*, *Begonia boweri* oder *Begonia masoniana*. Schneiden Sie auf der Blattunterseite die Blattadern an den Verzweigungen mit einem sauberen, scharfen Messerchen oder einer Rasierklinge ein.

■ Legen Sie die Blätter mit der Blattunterseite flach auf feuchtes Substrat in einer Schale. Damit der Substrat-Blatt-Kontakt erhalten bleibt, stecken Sie die Blätter mit ein paar Zahnstochern fest, oder beschweren Sie sie mit Steinchen.

■ Decken Sie die Schale mit Glas oder Folie ab, und achten Sie darauf, dass das Substrat feucht bleibt.

■ Stellen Sie die Schale an einen hellen und warmen, aber nicht sonnenbeschienenen Platz.

Wenn sich nach einigen Wochen an den Verletzungsstellen Triebe und Wurzeln gebildet haben, trennen Sie die Pflänzchen vorsichtig vom Blatt, und setzen Sie sie um.

Das Begonienblatt kann auch von vornherein in quadratische oder dreieckige Stücke geschnitten werden. Die Stücke müssen angeschnittene Blattadern enthalten. Man verfährt dann weiter, wie oben angegeben. Die Blattstücke müssen jedoch nicht unbedingt aufgelegt werden, sondern man kann sie auch senkrecht oder leicht schräg ins Substrat stecken. Auch aus anderen Zimmerpflanzen kann man so neue Pflänzchen ziehen.

Wurzelschnittlinge

Die Pflanzenvermehrung mit Hilfe von Wurzelschnittlingen (auch Wurzelstecklinge genannt) eignet sich für manche Stauden und für verschiedene Gehölze mit kräftigen Wurzeln. Für dieses Verfahren wählt man einen frostfreien Tag im Spätherbst oder Winter, also in der Ruhephase der Pflanzen. Der Boden darf nicht gefroren sein.

■ Vorsichtig die Wurzeln der Pflanze freilegen, bei kleineren Pflanzen die gesamte Mutterpflanze herausheben.

■ Durch einen Schnitt mit einem scharfem Messer einige möglichst lange Wurzeln nahe am Wurzelhals (das ist die Übergangsstelle zwischen Wurzel und Spross) abtrennen.

■ Abgetrennte Wurzeln mit einer Schere oder einem Messer in fünf bis zehn Zentimeter, bei Stauden in drei bis sechs Zentimeter lange Stücke schneiden. Da die Schnittlinge entsprechend ihrer bisherigen Wuchsrichtung eingesetzt werden müssen, sollte man zur besseren Erkennbarkeit das untere Ende schräg, das obere gerade schneiden (oder umgekehrt).

■ Die Wurzelschnittlinge leicht schräg in eine Kiste oder einen Blumentopf mit Substrat stecken. Das obere Ende sollte von einer ein bis zwei Zentimeter dicken Substratschicht bedeckt sein. Man kann die Schnittlinge auch waagrecht auslegen und mit einer dünnen Substratschicht bedecken.

■ Gründlich wässern und kühl, aber frostfrei aufstellen. Das Substrat darf nicht austrocknen.

■ Nach dem Austreiben im Frühjahr an einen hellen und wärmeren Platz stellen. Wenn die Pflänzchen etwas herangewachsen sind, in Töpfe oder ins Freiland verpflanzen.

Herbstanemonen können mit Wurzelschnittlingen vermehrt werden. Wie der Name dieser Blumen schon andeutet, bringen sie spät im Jahr noch Farbe in den Garten.

Pflanzen für Wurzelstecklinge

▶ **Gehölze:**
Felsenbirne (*Amelanchier*), Flieder (*Syringa*), Spindelstrauch (*Euonymus*), Strauchkastanie (*Aesculus parviflora*), Trompetenblume (*Campsis*), Zierquitte (*Chaenomeles*).

▶ **Stauden:**
Bärenklau (*Acanthus*), Beinwell (*Symphytum*), Edeldistel (*Eryngium*), Farne (*Matteucia* und *Onoclea*), Herbstanemone (*Anemone japonica*), Kugeldistel (*Echinops*), Kugelprimel (*Primula denticulata*), Mädesüß (*Filipendula*), Ochsenzunge (*Anchusa*), Phlox (*Phlox paniculata*), Stauden-Mohn (*Papaver*), Storchschnabel (*Geranium*).

Die Vermehrung von Far-
nen ist zwar nicht ganz
leicht, aber sehr interessant.

Spezielle Vermehrungs-formen

Es mag nicht jedermanns Sache sein, sich mit den folgenden beiden Vermehrungsformen näher zu befassen. Während bei der Farnvermehrung durch Sporen der Hobbygärtner nur das nachvollzieht, was in der Natur geschieht, ist das Veredeln ein eher gewaltsamer Eingriff ins Pflanzenleben, den der Mensch vor vielen Jahrhunderten ersonnen hat, um zu ertragreicheren Pflanzen zu kommen oder zu solchen, die ihm besser gefallen als die Ausgangsformen.

Farne durch Sporen vermehren

Im 19. Jahrhundert waren Farne als Zimmerpflanzen besonders geschätzt. Lange Zeit galten sie als verstaubt und altmodisch. Erst in jüngerer Zeit erfreuen sie sich wieder zunehmender Beliebtheit als Garten- und Kübelpflanzen, insbesondere aber auch als schöne und pflegeleichte Zimmerpflanzen.

Aus Urzeiten haben sich einige Vertreter dieser einst mit Großformen die Vegetation beherrschenden Pflanzengruppe bis heute erhalten. Die Farnpflanzen hatten ihre große Zeit im Karbon – einer Epoche des Erdaltertums vor 345 bis 270 Millionen Jahren. In der Folge wurden sie dann immer stärker von den »modernen« Samenpflanzen verdrängt. Damals jedoch, im Karbon, waren sie mit riesigen Bäumen – den Schuppenbäumen und den Siegelbäumen – am Aufbau der Steinkohlewälder (und somit an der Bildung der Steinkohle) beteiligt.

Farne kann man durch Teilung vermehren, beispielsweise Moosfarne (*Selaginella*), andere durch ihre Ausläufer wie den Schwertfarn (*Nephrolepis*), wieder andere bilden Brutknospen – etwa eine Sorte des Borstigen Schildfarns (*Polystichum setiferum* var. *proliferum*). Aussaat ist nicht möglich – Farne bilden keine Samen.

Farne sind eine Millionen von Jahren alte Pflanzenart, die keine Samen bildet, sondern Sporen: auf ungeschlechtlichem Weg entstandene Fortpflanzungseinheiten.

Anzucht von Farnen aus Sporen

Ganz wichtig – noch wichtiger als bei der Aussaat von Samenpflanzen – sind bei der Farnanzucht zwei Dinge: Feuchtigkeit und Sauberkeit. Die Zeit für die Anzucht beginnt, wenn die Sporen reif sind – bei Freilandfarnen in der Zeit von Hochsommer bis Herbst. Man erkennt die Reife an der bräunlichen oder gräulichen Färbung der Sporenbehälter (Sporangien) an der Wedelunterseite.

■ Sporen gewinnen: Einen Farnwedel mit reifen Sporenbehältern abschneiden und mit den Sporenbehältern nach unten auf ein sauberes Blatt Papier legen. Das Ganze warm lagern und warten, dass die Sporen ausfallen.

■ Gefäß vorbereiten: In eine gut gereinigte Anzuchtschale, Gefrierdose oder Ähnliches das feuchte Substrat – Torf, Torfersatzstoffe oder auch Erde – einfüllen. Das Substrat sollte vorher mit kochendem Wasser übergossen oder im Backofen keimfrei gemacht worden sein. Substrat mit einem Brettchen leicht andrücken.

■ Sporen ausbringen: Die feinen Sporen mit Hilfe eines gefalteten Kartons auf dem Substrat verteilen. Sporen möglichst nicht mit den Fingern berühren. Nicht andrücken!

Die Anzucht von Farnen kann recht langwierig sein. Aber vielleicht finden Sie es interessant, mit eigenen Augen etwas über diese urzeitlichen Gewächse zu erfahren?

Wie Farne sich vermehren

In ihrer Vermehrung sind Farne durch einen deutlichen Generationswechsel ausgezeichnet. Die Farnpflanze (ungeschlechtliche Generation) bildet an der Unterseite ihrer Wedel im so genannten Sporangium die **Sporen**. Diese sind – anders als die Samen – auf ungeschlechtlichem Weg entstandene Fortpflanzungseinheiten. Die Sporen fallen bei ihrer Reife zu Boden, keimen zu einem kleinen Pflänzchen aus, das **Vorkeim** oder **Prothallium** genannt wird (geschlechtliche Generation). Auf dem Prothallium befinden sich die männlichen Geschlechtsorgane, die Spermatozoide produzieren, und die weiblichen Geschlechtsorgane mit den Eizellen. Nur wenn das Prothallium wasserbenetzt ist, können die Spermatozoide zu den Eizellen gelangen und diese befruchten. Der kurzlebige Vorkeim stirbt ab, und die befruchtete Eizelle entwickelt sich zur Farnpflanze, die Sporen hervorbringt.

Farne mit Sporenvermehrung

▶ **Zimmerfarne:**
Frauenhaarfarn (*Adiantum*), Hirschgeweihfarn (*Platycerium* – dauert sehr lange), Nestfarn (*Asplenium nidus*), Rippenfarn (*Blechnum*), Saumfarn (*Pteris*), Schwertfarn (*Nephrolepis*).

▶ **Freilandfarne:**
Frauenfarn (*Athyrium filix-femina*), Frauenhaarfarn (*Adiantum*), Hirschzunge (*Phyllitis*), Tüpfelfarn (*Polypodium*), Schildfarn (*Polystichum*), Wurmfarn (*Dryopteris filix-mas*).

■ Vor Verdunstung schützen: Mit Glasplatte, Plastiktüte, Einmachglas oder Ähnlichem abdecken. In der Folgezeit immer wieder auf Feuchtigkeit überprüfen und gegebenenfalls mit abgekochtem Wasser übersprühen. Bei Zimmertemperatur hell aufstellen.

■ Prothallien pikieren: Nach Wochen oder Monaten erscheinen die Prothallien und überziehen die Substratoberfläche mit einem grünen Rasen. Mehrere Prothallien als Tuffs in steriles Substrat pflanzen.

■ Prothallien feucht halten: Die Befruchtung kann nur im Wasser stattfinden. Daher müssen die Prothallien immer wieder mit abgekochtem Wasser besprüht werden.

Entscheidend für den Erfolg der Farnanzucht mit Sporen sind u. a. Sauberkeit und Feuchtigkeit: Substrat und Arbeitsmittel müssen keimfrei sein; Anzuchtschale und Prothallien (Vorkeime) sind immer gut feucht zu halten.

■ Farnpflänzchen pikieren: Wenn die Farnpflänzchen einige Zentimeter hoch sind, werden sie in Töpfchen mit Pikiersubstrat gesetzt.

Veredelung

Das Veredeln ist eine Vermehrungsmethode – insbesondere bei Obst- und Ziergehölzen, aber auch bei verschiedenen krautigen Pflanzen –, für die im Allgemeinen Wissen und Erfahrung nötig sind. Anders als bei den bisher vorgestellten Verfahren der vegetativen Vermehrung werden bei der Veredelung zwei unterschiedliche Pflanzen, d. h. zwei Individuen, zu einer neuen Pflanze verbunden.

In der Regel klappt Veredelung nur, wenn die Partner der gleichen Art angehören oder jedenfalls eng miteinander verwandten Arten. Die neue Pflanze besteht aus beiden Partnern: dem Unterlage genannten Basisteil mit den Wurzeln und dem Edelreis (Veredelungsreis, Veredelung) genannten oberen Teil. Die Unterlage bestimmt Eigenschaften wie Wuchskraft, Anpassung an klimatische Gegebenheiten oder Resistenz gegen bestimmte Krankheiten; das Edelreis bringt die geschätzten Eigenschaften der Sorte (Geschmack der Früchte, Form und Farbe der Blüte) ein. Die Kambiumschichten beider Partner müssen an der Veredelungsstelle fest zusammengefügt und fixiert werden, nur so können Unterlage und Edelreis miteinander verwachsen.

Veredelt wird insbesondere, wenn eine Pflanze aus Samen nicht treu fällt (so dass die erwünschten Eigenschaften einer Sorte nicht erhalten bleiben), eine Wurzelbildung an Stecklingen nicht oder nur sehr schwer stattfindet, somit also andere Verfahren der vegetativen Vermehrung nicht in Frage kommen.

Weitere spezielle Gründe können sein, dass man einmal erzielte oder zufällig entstandene Sorten erhalten möchte (z. B. Korkenzieherhasel) oder dass man Pflanzen haben will, die weniger anfällig gegen Krankheiten oder Schädlinge sind (z. B. Treibgurken).

Man unterscheidet verschiedene Veredelungsmethoden, die im Folgenden kurz beschrieben werden.

Das Kambium ist ein teilungsfähiges Gewebe, das als Ring unter der Rinde von Sprossen vieler Samenpflanzen liegt und für deren Dickenwachstum sorgt.

Einige Kakteen überleben nur in gepfropftem Zustand.

Okulation

Eine einzige Knospe (Auge, lat. *oculus*) des Edelreises wird in einen T-förmigen Schnitt in der Rinde der Unterlage eingesetzt. Die Okulation ist eher ein Verfahren für Fachmann oder Fachfrau und wird bei vielen Obstarten und bei Beetrosen angewendet.

Besonders wichtig bei jeder Veredelung ist das Fixieren mit Bast, Gummiband oder Schnellverschluss, bis die Pflanzenteile fest miteinander verwachsen sind.

Pfropfung

Ein Edelreis wird in eine Unterlage eingesetzt. Beim »Pfropfen hinter der Rinde« steckt man das schräg angeschnittene Edelreis in eine kleine Rindentasche. Beim »Geißfußpfropfen« wird in die Unterlage ein keilförmiger Spalt geschnitten, in den die ebenfalls keilförmige Basis des Edelreises geschoben wird. Dieses Verfahren findet z. B. bei Wildem Wein oder Obstbäumen Anwendung.

Beim Pfropfen von Kakteen und anderen sukkulenten (wasserspeichernden) Pflanzen bringt man empfindliche oder langsam wachsende Arten und Sorten auf robuste und wüchsige Unterlagen auf. An der Unterlage – etwa Feigenkaktus (*Opuntia*) oder Säulenkaktus (*Cereus peruvianus*) – wird der obere Teil mit einem glatten, waagrechten Schnitt entfernt (Waagrechtpfropfung). Die zu pfropfende Pflanze wird dazu passend unten abgeschnitten. Beide Pflanzen fügt man an den Schnittflächen zusammen und fixiert die Verbindung. Nur gepfropft können etwa farbige Kakteen wie der Rote Erdbeerkaktus (*Gymnocalycium mihanovichii* var. *friederichii*) überleben, da sie wegen des Fehlens von Chlorophyll, des grünen Farbstoffs von Pflanzen, nicht zur Fotosynthese befähigt sind.

Kopulation

Die Kopulation ist eine einfachere Veredelungsmethode, mit der man beginnen sollte, wenn man sich mit Veredelung vertraut machen will. Sie wird bei Obst- und Ziergehölzen, aber auch bei krautigen Pflanzen angewendet: An der Unterlage führt man einen schrägen, durchtrennenden Schnitt von unten nach oben.

Der entsprechend entgegengesetzte, also von oben nach unten verlaufende Schnitt am Edelreis ist im gleichen Winkel auszuführen. Beide Flächen werden aufeinander gebracht und verbunden.

Bei der »Kopulation mit Gegenzungen« vergrößert man die Kambiumkontaktflächen von Unterlage und Reis durch einen zusätzlichen senkrechten Einschnitt, durch den Zungen entstehen, oder man führt den Schnitt nur bis jeweils zur Mitte.

Mit einer Kopulation kann man beispielsweise einem aus Samen gezogenen Zitronenbäumchen (*Citrus*, siehe Seite 55) zu Blüten und Früchten verhelfen. Die Unterlage ist ein möglichst kräftiger Sämling. Von einem sicher blühenden Bäumchen nimmt man im Frühjahr ein Edelreis gleicher Stärke. Ihr Zusammenwachsen dauert im Allgemeinen mehrere Wochen.

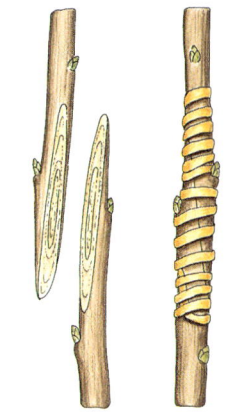

Bei der Kopulation werden Unterlage und Edelreis zusammengefügt und mit Bast umwickelt.

■ Mit einem schrägen Schnitt von unten nach oben den Stamm der Unterlage kürzen – etwa zehn Zentimeter über dem Wurzelhals.

■ Einen gegengleichen Schnitt von oben nach unten am Edelreis anbringen.

■ Die Blätter am Edelreis entfernen und das Edelreis auf drei bis fünf Augen kürzen.

■ Beide Teile so aneinander fügen, dass die Rinden beider Partner genau aufeinander liegen. Die Schnittstellen dabei nicht mit der Hand berühren!

■ Beide Teile mit Bast oder Veredelungsband (erhältlich im Fachhandel) fest umwickeln.

■ Die Veredelungsstelle mit Baumwachs verstreichen.

Während man beim Zitronenbäumchen die Pflanze durch Kopulation zum Blühen bringen will, verfolgt man beispielsweise bei der Gurkenveredelung und der Kopulation dieser krautigen Pflanze eher pragmatische Ziele: Treibgurken im Gewächshaus sind nämlich anfällig gegen Bodenpilze, die die Pflanzen zum Welken bringen. Durch Veredeln kann dieser Gurkenwelke wirksam vorgebeugt werden. Die veredelten Pflanzen sind zudem wüchsiger und ertragreicher und halten niedrigere Bodentemperaturen aus. Als Unterlage dient eine verwandte Art, der Feigenblattkürbis (*Cucurbita ficifolia*). Man beginnt mit dem Veredeln Mitte bis Ende April.

Bei der Kopulation müssen Unterlage und Edelreis ungefähr gleich dick sein. Entscheidend ist nämlich, dass die Kambiumringe beider Teile aufeinander liegen können.

Vermehrungsarten im Überblick

Die folgende Tabelle bietet im Überblick eine Auswahl von bekannten und beliebten Pflanzen – und zwar Pflanzen, für die jeweils mehrere Arten der Vermehrung in Frage kommen. In der ersten Spalte ist in Klammern ihr lateinischer Gattungsname – und wenn eine Unterscheidung nötig ist – der Artname angeben. Unter den Vermehrungsarten (zweite bis fünfte Spalte) sind nur dann Hinweise auf den günstigsten Zeitpunkt zur Vermehrung angegeben, wenn dieser von den normalen Vermehrungszeiten abweicht, die in den vorhergehenden Kapiteln genannt sind.

Verwendete Abkürzungen: F = Frühjahr, S = Sommer, H = Herbst, W = Winter

Pflanzenname	Aussaat	Teilung	Tochter-pflanzen	Steckling
Stauden				
Adonisröschen (Adonis vernalis), giftig	Samen (H, W)	Teilung		
Anemone, Herbst- (Anemone japonica)		Teilung		Wurzelschnittling
Aster (Aster)	Samen	Teilung		Kopfsteckling
Bitterwurz (Lewisia)	Samen			Blattsteckling
Blaukissen (Aubrieta)	Samen	Teilung		Triebsteckling
Blaustern (Scilla), giftig	Samen	Brutzwiebeln (S)		
Brennende Liebe (Lychnis chalcedonica)	Samen	Teilung		Triebsteckling
Dahlie (Dahlia)	Samen	Knollenteilung (F)		Kopfsteckling
Edeldistel (Eryngium)	Samen	Teilung		Wurzelschnittling
Eisenhut (Aconitum), giftig	Samen (H, W)	Knollenteilung (F)		
Fackellilie (Kniphofia)	Samen	Teilung		
Felsenteller (Ramonda)	Samen			Blattsteckling
Fetthenne (Sedum)	Samen	Teilung		Kopf-, Blattsteckling
Gelenkblume (Physostegia)	Samen	Teilung		Kopfsteckling
Glockenblumen (Campanula)	Samen	Teilung		
Gloxinie, Garten- (Incarvillea)	Samen	Knollenteilung (H)		
Immergrün (Vinca)			Ausläufer	Kopfsteckling

Pflanzenname	Aussaat	Teilung	Tochter-pflanzen	Steckling
Iris, Zwiebel- (Iris)	Samen	Brutzwiebeln (H)		
Jakobsleiter (Polemonium)	Samen	Teilung		Kopfsteckling
Kaiserkrone (Fritillaria imperaria)	Samen (H, W)	Brutzwiebeln (S)		
Küchenschelle (Pulsatilla), giftig	Samen (H, W)	Teilung		Wurzelschnittling
Kugeldistel (Echinops), giftig	Samen	Teilung		Wurzelschnittling
Leberblümchen (Hepatica), giftig	Samen (H, W)	Teilung		
Lilie, Madonnen- (Lilium candidum)	Samen	Brutzwiebeln (H)	Bulbillen (H)	
Lilie, Tiger- (Lilium tigrinum)		Brutzwiebeln (H)	Bulbillen (H)	
Lupine (Lupinus), giftig	Samen	Teilung		
Mädchenauge (Coreopsis)	Samen	Teilung		Kopfsteckling
Männertreu (Lobelia erinus)	Samen	Teilung		Kopfsteckling
Märzenbecher (Leucojum), giftig	Samen (H, W)	Brutzwiebeln (S)		
Maßliebchen (Bellis)	Samen	Teilung		
Montbretie (Crocosmia)	Samen	Brutknollen (F)		
Nachtviole (Hesperis)	Samen	Teilung		Kopfsteckling
Pantoffelblume (Calceolaria)	Samen	Teilung		Kopfsteckling
Pfennigkraut (Lysimachia nummularia)	Samen		Ausläufer	Kopfsteckling
Pfingstrose (Paeonia), giftig	Samen	Rhizomteilung		Wurzelschnittling
Prachtscharte (Liatris)	Samen	Rhizomteilung		
Primeln (Primula)	Samen (H, W)	Teilung		Wurzelschnittling
Ranunkel (Ranunculus)	Samen (H, W)	Knollenteilung (F, H)		
Rittersporn (Delphinium), giftig	Samen	Teilung		Triebsteckling
Schneeglöckchen (Galanthus), giftig	Samen (H, W)	Brutzwiebeln		
Schwertlilie (Iris), giftig	Samen (S)	Rhizomteilung		
Silberdistel (Carlina)	Samen (H, W)			Wurzelschnittling
Stachelnüsschen (Acaena)	Samen	Teilung	Ausläufer	Kopfsteckling
Steinkraut (Alyssum)	Samen		Absenken	Kopfsteckling
Tränendes Herz (Dicentra)	Samen (H, W)	Teilung		Kopfsteckling

Pflanzenname	Aussaat	Teilung	Tochter-pflanzen	Steckling
Traubenhyazinthe (Muscari)	Samen (H, W)	Brutzwiebeln (S)		
Trollblume (Trollius)	Samen (H, W)	Teilung		
Tüpfelfarn (Polypodium)	Sporen	Teilung		
Veilchen, Wohlriechendes (Viola odorata)	Samen (H, W)		Ausläufer	
Vergissmeinnicht (Myosotis)	Samen	Teilung		Kopfsteckling
Winterling (Eranthis hiemalis)	Samen	Rhizomteilung		
Wurmfarn (Dryopteris)	Sporen	Rhizomteilung		
Zypergras (Cyperus)	Samen	Teilung		
Gewürzkräuter				
Baldrian (Valeriana)	Samen	Teilung		Kopfsteckling
Basilikum (Ocimum)	Samen			Kopfsteckling
Estragon (Artemisia dracunculus)		Teilung		Kopfsteckling
Lavendel (Lavandula)		Teilung	Anhäufeln	Kopfsteckling
Melisse (Melissa)	Samen	Teilung		Kopfsteckling
Minze (Mentha)		Teilung		Kopfsteckling
Oregano (Origanum vulgare)		Teilung		Kopfsteckling
Rosmarin (Rosmarinus)	Samen		Anhäufeln	Kopfsteckling
Salbei (Salvia)	Samen	Teilung	Anhäufeln	Kopfsteckling
Schnittlauch (Allium schoenoprasum)	Samen	Teilung		
Thymian (Thymus)	Samen	Teilung	Anhäufeln	Kopfsteckling
Weinraute (Ruta)	Samen	Teilung		Kopfsteckling
Ysop (Hyssopus)	Samen	Teilung	Anhäufeln	Kopfsteckling
Freilandgehölze				
Berberitze (Berberis)	Samen		Ausläufer	Kopfsteckling
Essigbaum (Rhus), giftig	Samen		Ausläufer	Wurzelschnittling
Felsenbirne (Amelanchier)	Samen	Teilung		Wurzelschnittling
Ginkgo (Ginkgo)	Samen			Kopfsteckling

Pflanzenname	Aussaat	Teilung	Tochter-pflanzen	Steckling
Ginster (Genista), giftig	Samen			Kopfsteckling
Goldregen (Laburnum), giftig	Samen			Kopfsteckling, Steckholz
Hasel (Corylus)	Samen		Ablegen, Absenken	
Holunder (Sambucus nigra)	Samen	Teilung	Ausläufer	Kopfsteckling, Steckholz
Hortensien (Hydrangea)	Samen		Anhäufeln	Kopfsteckling, Steckholz
Johannisbeere (Ribes)			Anhäufeln	Kopfsteckling
Kirschpflaume (Prunus cerasifera)	Samen		Ausläufer	
Quitte (Cydonia oblonga)			Ausläufer	Kopfsteckling
Rhododendron (Rhododendron), giftig			Ablegen	Kopfsteckling
Rose (Rosa): Alte Rosen			Ausläufer	Kopfsteckling
Rose (Rosa): Strauchrosen			Anhäufeln	Kopfsteckling
Sanddorn (Hippophaë)	Samen		Ausläufer	Kopfsteckling
Schlehdorn (Prunus spinosa)	Samen		Ausläufer	
Stachelbeere (Ribes)			Anhäufeln	Steckholz
Wacholder (Juniperus), giftig	Samen			Kopfsteckling
Walnuss (Juglans)	Samen		Ausläufer	
Weigelie (Weigelia)	Samen		Ablegen	Kopfsteckling, Steckholz
Weißdorn (Crataegus)	Samen		Ausläufer	
Wilder Wein (Parthenocissus)	Samen		Ablegen	Kopfsteckling, Steckholz
Zaubernuss (Hamamelis)	Samen		Absenken	Kopfsteckling
Zwetsche, Haus- (Prunus domestica)	Samen		Ausläufer	Steckholz

Zimmer- und Kübelpflanzen

Pflanzenname	Aussaat	Teilung	Tochter-pflanzen	Steckling
Ananas (Ananas comosus)			Kindel	Blattsteckling
Baumfreund (Philodendron)	Samen	Teilung	Abmoosen	Kopf-, Stammsteckling
Begonie, Strauch- (Begonia)			Abmoosen	Kopf-, Stammsteckling
Begonie, Königs- (Begonia Rex)		Teilung		Blattsteckling
Birkenfeige (Ficus benjamina)			Abmoosen	Kopfsteckling
Bleiwurz (Plumbago auriculata)			Ausläufer	Kopfsteckling

Pflanzenname	Aussaat	Teilung	Tochter-pflanzen	Steckling
Bogenhanf (Sansevieria)		Teilung		Blattsteckling
Buntnessel (Coleus)	Samen			Kopfsteckling
Dieffenbachie (Dieffenbachia), giftig				Kopf-, Stammsteckling
Drehfrucht (Streptocarpus)	Samen	Teilung		Blattsteckling
Efeu (Hedera helix)		Teilung		Kopf-, Triebsteckling
Engelstrompete (Datura)	Samen			Stammsteckling
Feigenkaktus (Opuntia)	Samen			Blattsteckling
Fleißiges Lieschen (Impatiens walleriana)	Samen (Januar)			Kopfsteckling
Frauenhaarfarn (Adiantum)	Sporen	Teilung		
Gerbera (Gerbera)	Samen	Teilung		
Gloxinie (Sinningia)	Samen (November)		Knollenteilung	Trieb-, Blattsteckling
Guajave (Psidium guajava)	Samen			Kopfsteckling
Gummibaum (Ficus elastica)			Ablegen	Kopf-, Stammsteckling
Guzmanie (Guzmania)	Samen		Kindel	
Kiwi (Actinidia chinensis)	Samen			Kopfsteckling
Leuchterblume (Ceropegia)		Knollenteilung		Triebsteckling
Litschi (Litchi chinensis)	Samen		Ablegen	
Olive (Olea europaea)			Ablegen	Kopfsteckling
Pantoffelblume (Calceolaria)	Samen (Januar)	Teilung		Kopfsteckling
Petunie (Petunia), giftig	Samen (Januar)			Kopfsteckling
Podranea (Podranea)	Samen			Kopfsteckling
Saumfarn (Pteris)	Sporen	Teilung		
Schefflera (Schefflera), giftig	Samen		Ablegen	Kopfsteckling (22 °C)
Schönmalve (Abutilon)	Samen (Januar)		Ausläufer	
Schwertfarn (Nephrolepsis)	Sporen	Teilung	Ausläufer	
Usambaraveilchen (Saintpaulia)	Samen			Blattsteckling
Zimmeraralie (Fatsia japonica)	Samen		Ablegen	Kopfsteckling
Zitrusgewächse (Citrus)	Samen		Ablegen	Kopfsteckling

Literatur

Bücher

▶*Breschke, Joachim:* Pflegeleichte Zimmerpflanzen. Niedernhausen/Ts.: Falken 1997.

▶*Buczacki, Stefan:* Handbuch der Gartenpflanzen. Arten und Pflege. Übersetzt aus dem Englischen von Ilse Höger. München: Christian 1994.

▶*Callauch, Rolf:* Gewürz- und Heilkräuter. Die Gartenkultur der Duft-, Heil- und Würzpflanzen und ihre Anwendung. Stuttgart: Ulmer 1998.

▶*Goethes Naturwissenschaftliche Schriften.* 6. Band. Weimar: Hermann Böhlau 1891 (Nachdruck 1987. München: Deutscher Taschenbuch Verlag München).

▶*Haberer, Martin:* Vermehrung von Pflanzen. Stuttgart: Franckh-Kosmos 1993.

▶*Hill, Lewis:* Pflanzenvermehrung. Wie ich Blumen, Gemüsepflanzen, Obstgehölze, Sträucher, Bäume und Zimmerpflanzen selbst heranziehen kann. Übersetzt aus dem Englischen von: Karin Hirschmann. Düsseldorf: Werner-Verlag GmbH 1991.

▶*Kawollek, Wolfgang:* Handbuch der Pflanzenvermehrung. 2. Aufl. Augsburg: Natur Verlag 1990.

▶*Klock, Peter:* Pflanzen vermehren. Garten- und Zimmerpflanzen. Niedernhausen/Ts.: Falken 1996.

▶*Köhlein, Fritz:* Pflanzen vermehren. 4., erw. u. völlig neugest. Aufl. Stuttgart: Ulmer 1979.

▶*Mücke, Burkhard/Ferguson, John A.:* Der Garten der zehn Jahreszeiten. Der naturnahe Gartenkalender. Tips für Garten, Balkon und Terrasse. München: Ehrenwirth 1987.

▶*Rau, Heide:* Küchenkräuter in Töpfen, Kübeln und Kästen. Duftende Gewürzpflanzen in Töpfen, Kübeln, Kästen und Ampeln. München: Gräfe und Unzer 1995.

▶*Stein, Siegfried:* Aussaat und Vermehrung. München, Wien, Zürich: BLV 1994.

▶*Witt, Reinhard:* Wildsträucher und Wildrosen bestimmen und anpflanzen. Stuttgart: Frankh-Kosmos 1995.

Zeitschriften

▶*Der praktische Gartenratgeber.* Bayerischer Landesverband für Gartenbau und Landespflege e. V., München.

▶*kraut & rüben.* BLV, München.

▶*Mein schöner Garten.* Burda Senator Verlag GmbH, Offenburg.

Impressum

© 1999 W. Ludwig Buchverlag in der Verlagshaus Goethestraße GmbH & Co. KG, München.

Redaktion:
Monika Rolle

Projektleitung:
Antje Eszerski

Redaktionsleitung:
Dr. Reinhard Pietsch

Bildredaktion:
Ute Schoenenburg

Produktion:
Manfred Metzger

Umschlag:
Till Eiden

DTP/Satz:
Veronika Moga

Druck:
Weber Offset, München

Bindung:
R. Oldenbourg, München

Printed in Germany

Gedruckt auf chlor- und säurearmem Papier

ISBN 3-7787-3744-9

Über die Autorin

Gertrud Scherf ist promovierte Biologin und Lehrerin im Fach Biologie. Als freie Autorin, Redakteurin und Übersetzerin kann sie auf eine Vielzahl von Veröffentlichungen zurückblicken.

Ihre bevorzugten Themenbereiche sind die Kulturgeschichte von Pflanzen und Tieren, Heil- sowie Nutzpflanzen, Tier- und Pflanzenmythologie und allgemeine Themen aus der Biologie. Im W. Ludwig-Buchverlag ist von ihr u.a. der Titel »Gesundheit von der Fensterbank« erschienen.

Hinweis

Das vorliegende Buch ist sorgfältig erarbeitet worden. Dennoch erfolgen alle Angaben ohne Gewähr. Weder Autor noch Verlag können für eventuelle Nachteile oder Schäden, die aus den im Buch gemachten praktischen Hinweisen resultieren, eine Haftung übernehmen.

Bildnachweis

Bilderberg, Hamburg: U4 (Wolfgang Kunz), 24 (Nomi Baumgartl); Botanik Bildarchiv Laux, Biberach a. d. Riß: 9, 21, 82; Mauritius, Mittenwald: 1 (ACE); Nagy Michael, München: Titel/Fond + Einklinker, 14, 29, 32, 39, 41, 53, 56, 61, 72, 79, 85; Pflanzenarchiv Lavendelfoto, Hamburg: 58 (Höfer); Südwest Verlag, München: 64 (Rainer Hofmann); Wildlife, Hamburg: 6 (M. Harvey), 11 (O. Diez), 13 (Müller), 16 (D. Harms), 43 (Milan Horacek), 67 (H. D. Reinke/Panda).

Pflanzenregister

Sachregister